# 船舶 HD－SHM 线型系统应用


主　编　田玉芹　孙　伟　刘丽丽

副主编　王昌梓　吕　婧　杨春萍



哈尔滨工程大学出版社

Harbin Engineering University Press

## 内 容 简 介

本书首先介绍 HD－SHM 线型系统使用平台 AutoCAD 的常用工具，并以此为平台，以 150 t 冷藏船为例，介绍船舶建造系统 SHM 中线型光顺系统的应用。主要内容包括前后半艘船型线及肋骨型线的生成、光顺，进行光顺后，通过后处理生成完整的型线图、肋骨型线图，同时生成船舶结构设计系统 SPD 所需的三个样条文件，为后期进行结构设计打下基础。

附录提供了 1 000 t 沿海货船的数据，可通过本书进行型线生成练习。

本书可作为高等学校船舶与海洋工程专业教材，也可作为各类船舶院校教学参考书或造船行业有关人员的参考书。

**图书在版编目（CIP）数据**

船舶 HD－SHM 线型系统应用/田玉芹，孙伟，刘丽丽主编．—哈尔滨：哈尔滨工程大学出版社，2018.7（2024.1 修订）

ISBN 978－7－5661－1975－9

Ⅰ．①船…　Ⅱ．①田…　②孙…　③刘…　Ⅲ．①型线－计算机辅助设计－AutoCAD 软件　Ⅳ．①U661.31－39

中国版本图书馆 CIP 数据核字（2018）第 135090 号

**选题策划**　史大伟
**责任编辑**　雷　霞
**封面设计**　刘长友

---

**出版发行**　哈尔滨工程大学出版社
**社　　址**　哈尔滨市南岗区南通大街 145 号
**邮政编码**　150001
**发行电话**　0451－82519328
**传　　真**　0451－82519699
**经　　销**　新华书店
**印　　刷**　哈尔滨市海德利商务印刷有限公司
**开　　本**　787 mm×1092 mm　1/16
**印　　张**　10.25
**字　　数**　262 千字
**版　　次**　2018 年 7 月第 1 版　2024 年 1 月修订版
**印　　次**　2024 年 1 月第 2 次印刷
**定　　价**　42.00 元
http://www.hrbeupress.com
E-mail:heupress@hrbeu.edu.cn

---

# 前　言

本书是为高等学校船舶与海洋工程专业学生所编写的专业软件应用教材，目的是使读者通过学习了解船体线型系统的使用，更好地适应行业需要。

船体软件的使用，以实际船型数据为例，可增加对船体几何特征及整体结构的把握，本书在编写中突出这一特点，以教材中出现的船型数据进行讲解，力求做到深入浅出，通俗易懂。

“船舶 HD－SHM 线型系统应用”是一门实践性较强的课程。该课程的学习，必须通过实践与练习加深理解与巩固。为便于教学与学生自学，本书以 150 t 冷藏船进行软件教学示例，附录提供了 1 000 t 沿海货船的相关数据，使用者可进行练习，提高软件的使用熟练程度。

本书编写分工如下：第 1 章由吕婧编写；第 2 章由杨春萍编写；第 3，4 章由孙伟编写并负责前 4 章的统稿；第 5，6 章由刘丽丽编写；第 7 章由青岛武船重工有限公司王昌梓编写；第 8，9 章由田玉芹编写。田玉芹负责全书插图审核及全书的统稿工作。

在本书的编写过程中，青岛黄海学院船舶与海洋工程设计与制造教学团队和上海东欣软件工程有限公司的党军利工程师给予了大力的支持；桑松教授对全书的所有章节进行了通读并做了审改，提出了具体的意见和建议；曹爱霞教授对全书的选图和配置进行了审阅和修改。在此，对这些前辈和同事表示由衷的感谢！

编者

2018 年 4 月

# 目　　录

# 第1章　船舶CAD基本绘图

## ● 知识目标

1. 了解绘图设置和坐标系在绘图中的应用；

2. 熟练掌握点、直线、圆弧、多段线、多边形、样条曲线等基本二维图形命令的交互操作；

3. 掌握文字标注命令的操作方法。

## ● 能力目标

1. 能够根据绘制需求选择基本二维图形绘制命令；

2. 能够正确使用CAD绘制典型船体结构；

3. 具备从船舶工程问题到计算机辅助实现的能力。

## ● 素质目标

1. 加强学生对软件的应用，提升学生专业素养和爱国主义情怀；

2. 介绍船舶软件的二次开发，树立为兴船报国而学习的志向。

船舶CAD基本绘图是计算机船舶绘图操作的基础，主要目的是掌握船舶CAD基本图形的绘制和文字标注，同时熟悉有关坐标系和绘图设置的内容。

船舶CAD基本图形是指能够在AutoCAD中使用工具和命令直接生成的一些图形，如点、直线、圆弧、多段线、多边形等基本图形，它们是绘制复杂的船舶图形的基础，熟练地掌握其特点和创建方法是本章的重点。同时，本章还将介绍坐标系和绘图设置的内容。

本章主要学习内容包括：绘图工作界面、坐标系、绘图设置、绘制基本二维图形的方法简介、绘制船舶CAD基本图形命令详细讲解、文字标注和船舶基本绘图实例。

## 1.1　坐标系、绘图环境设置

### 1.1.1　坐标系

AutoCAD默认坐标为世界坐标系（WCS），与笛卡尔右手坐标系相一致。*X*轴为水平轴，向右为正；*Y* 轴为垂直轴，向上为正；*Z* 轴方向垂直于 *XY* 平面，指向用户为正向。图形中的任意一点都可以用相对坐标原点(0,0,0)的相对位移表示。

AutoCAD 中还采用另外一种坐标系——用户坐标系(UCS)，是一种相对坐标系，用户可以重新设置用户坐标系来适应绘图需要。AutoCAD 以坐标系图标帮助用户辨别当前坐标系各个坐标轴的方位。在 AutoCAD 中定位点可以采用多种坐标，包括绝对直角坐标、绝对极坐标、相对直角坐标、相对极坐标。

1. 绝对直角坐标(图 1－1(a))

绘图环境中，直角坐标系包括相互正交的两个轴：*X* 轴和 *Y* 轴，通过点到原点(0,0)的距离确定的坐标(*X*,*Y*)，如坐标(6,8)表示该点 *X* 轴方向到原点的距离为 6，*Y* 轴方向到原点的距离为 8，默认原点(0,0)在图形左下角。三维绘图环境中，直角坐标系包括相互正交的三个轴：*X* 轴、*Y* 轴和 *Z* 轴，通过点到三个相互正交的平面 *XZ*、*YZ* 和 *XY* 的距离来确定点的坐标(*X*,*Y*,*Z*)。

2. 绝对极坐标(图 1－1(b))

绝对极坐标通过相对于原点的距离和与 *X* 轴的角度来确定点的位置。绝对极坐标的表示方式为“距离 <角度”，例如坐标“4 <45”表示该点到原点的距离为 4，与 *X* 轴正方向夹角为 45°。

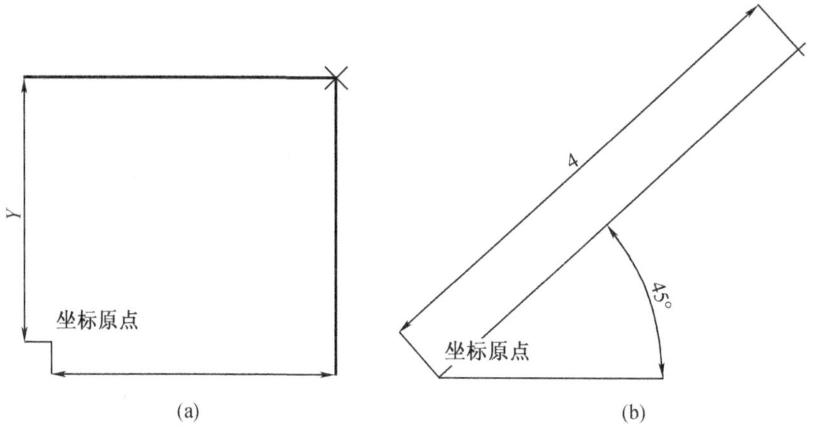


**图 1－1　绝对直角坐标和绝对极坐标**

(a)点的绝对直角坐标表示；(b)点的绝对极坐标表示

3. 相对直角坐标

绝对直角坐标的参照点是原点，而相对直角坐标的原点是前一点。在 AutoCAD 中使用相对坐标必须在坐标值之前加符号“@”。

如坐标“@7,9”表示该点 *X* 轴方向到前一点的距离为 7，*Y* 轴方向到前一点的距离为 9。

4. 相对极坐标

绝对极坐标的参照点是原点，而相对极坐标的参照点是前一点，如坐标“@4 <45”表示点 *X* 轴方向到前一点的距离为 4，与 *X* 轴正方向夹角为 45°。

**例**　使用不同坐标方式绘制图 1-2 所示的以不同方式给出已知数据的两个图形。

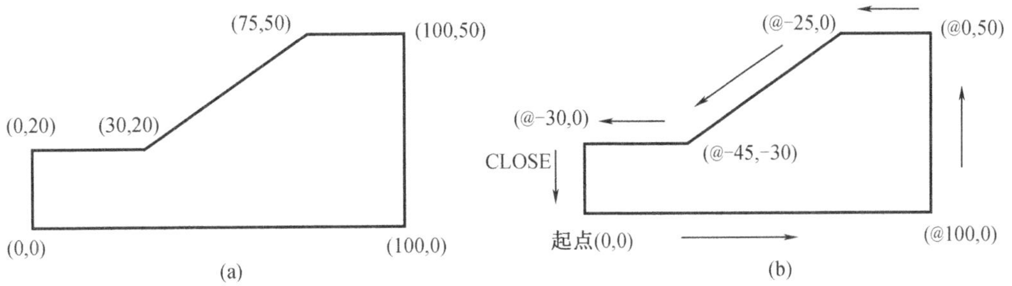


**图 1-2　以不同方式给出已知数据的两个图形**

(a)直接使用直角坐标绘制；(b)先使用绝对直角坐标，再使用相对直角坐标

图 1-2(a)直接使用直角坐标绘制，是比较方便的绘制方法，图 1-2(b)先使用绝对直角坐标确定三角形左下角点(0,0)，再使用相对直角坐标确定右下角点和上角点，最后闭合。

绘制图 1-2(b)可按顺时针方向绘制，先使用相对直角坐标，再使用相对极坐标绘制给出斜边长度和夹角的线段，然后闭合。

练习绘制图 1-3 所示的两个图形。

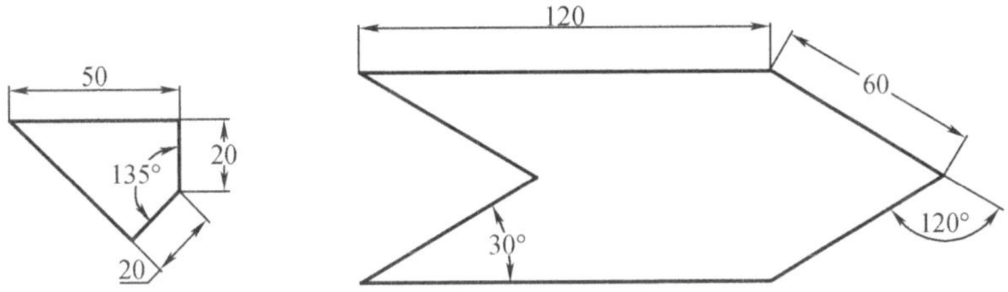


**图 1-3　练习图形**

### 1.1.2　绘图环境设置

绘图环境的设置通常包括绘图单位设置、精度设置和绘图空间的界限范围等方面。

1. 设置图形界限

图形界限是 AutoCAD 绘图空间中的一个假想矩形绘图区域，相当于用户选择的图纸图幅大小。图形界限确定了栅格(GRID)和缩放(ZOOM)的显示区域，默认图限形成一个矩形区域。长度单位采用公制时，图形界限的默认矩形区域的左下角坐标为(0,0)，右上角为(420,297)；长度单位采用英制时，图形界限的默认矩形区域的左下角坐标为(0,0)，右上角为(12,9)。

命令：LIMITS

菜单：Format→Drawing Limits

命令格式：

```
Command:LIMITS
```

Reset model space limits(重新设置模型空间界限):

Specify lower left corner or[ON/OFF] <0.0000,0.0000>:(指定左下角点)

Specify upper right corner <420.0000,297.0000>:(指定右上角点)

提示中的 ON 选项表示打开图形界限检查,限制拾取界限在绘图界限范围内。OFF 选项表示关闭图形界限检查,图形绘制允许超出图形界限,系统默认设置为 OFF。

2. 设置绘图单位

命令:UNITS

菜单:Format→Units

绘图单位包括长度单位和角度单位。AutoCAD 提供了 Drawing Units 对话框来设置长度单位和角度单位。执行 UNITS 命令即可打开 Drawing Units 对话框,Drawing Units 对话框中的 Length 选项组用来设置绘图的长度单位的类型和精度。Type 下拉列表框提供了 Architectural(建筑)、Decimal(小数)、Engineering(工程)、Fractional(分数)和 Scientific(科学)5 种长度类型。Precision 下拉列表框用于设置当前长度单位类型的精度。Angle 选项组用于设置 AutoCAD 的角度单位类型与精度。Type 下拉列表框提供了 Decimal Degrees(十进制度数)、Deg/Min/Sec(度/分/秒)、Grads(梯度)、Radians(弧度)、Surveyor's Units(勘测单位)5 种长度角度类型。Precision 下拉列表框用于设置当前角度单位类型的精度。

## 1.2 基本二维图形绘制

本节主要介绍 AutoCAD 2005 中各种基本二维图形的绘制命令及其操作步骤,较复杂的操作通过具体实例介绍其操作方法。

AutoCAD 2005 命令输入操作通常用多种方法来实现相同的功能。我们可以使用下拉菜单、工具栏和命令行三种方法来进行绘图操作,绘制基本二维图形。

### 1.2.1 直线命令

利用二维或三维点的坐标绘制二维或三维直线段。

1. 命令启动方法

菜单:绘图→直线

工具栏:

命令行:LINE 或简写 L

2. 绘制图形

运用直线命令绘制如图 1－4 所示的图形(不标注尺寸)。

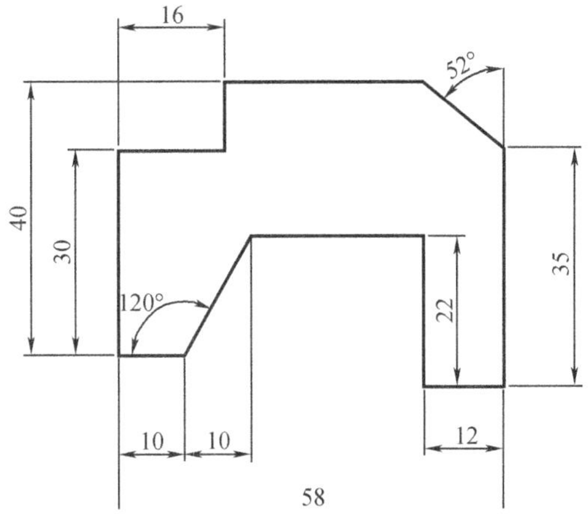


**图 1-4　练习图形**

画图操作步骤:

(1)单击绘图工具栏上【直线】按钮,指定第一点坐标 0,0 ↙

(2)指定下一点或[放弃(U)]: @ 10,0 ↙

(3)指定下一点或[放弃(U)]: @ 20 < 60 ↙

(4)指定下一点或[闭合(C)/放弃(U)]: @ 26,0 ↙

(5)指定下一点或[闭合(C)/放弃(U)]: @ 0, -22 ↙

(6)指定下一点或[闭合(C)/放弃(U)]: @ 12,0 ↙

(7)指定下一点或[放弃(U)]: @ 0,35 ↙

(8)单击鼠标右键结束直线命令。

(9)再单击绘图工具栏上【直线】按钮,指定第一点坐标 0,0 ↙

(10)指定下一点或[闭合(C)/放弃(U)]: @ 0,30 ↙

(11)指定下一点或[闭合(C)/放弃(U)]: @ 16,0 ↙

(12)指定下一点或[放弃(U)]: @ 0,10 ↙

(13)指定下一点或[放弃(U)]: @ 40, 0 ↙

(14)单击鼠标右键结束直线命令。

(15)鼠标选取第一次直线命令结束时的最后一点,用相对极坐标绘制一条倾斜角为 142°与第二次直线命令绘制的最后一条线相交的斜线。

(16)使用修剪命令,得到最终图形。

### 1.2.2　构造线命令

构造线一般作为辅助线使用,创建的线是无限长的。

绘制方式:

(1)直接在绘图工具栏上点击构造线按钮;

(2)在绘图菜单下单击构造线命令;

(3)直接在命令中输入快捷键 xl。

命令:xl XLINE 指定点或[水平(H)/垂直(V)/角度(A)/二等分(B)/偏移(O)]:

在构造线命令行中:H 为水平构造线,V 为垂直构造线,A 为角度(可设定构造线角度,也可参考其他斜线进行角度复制),B 为二等分(等分角度,两直线夹角平分线),O 为偏移(通过 T,可以任意设置距离)。

### 1.2.3 射线 Ray

射线为向一个方向延伸的线。此命令为辅助作图使用。

绘制方式:

(1)在绘图菜单下单击射线命令;

(2)直接在命令中输入快捷键 Ray。

### 1.2.4 正多边形绘制命令

1. 命令调用方式

菜单:绘图→多边形

工具栏:

命令行: POLYGON ↙

2. 操作过程

正多边形的画法有以下 3 种:

(1)内接于圆方式:指定从多边形中心点到顶点的距离,这就定义了一个圆的半径,所画多边形内接于此圆。

(2)外切于圆:指定中心到一边中点的距离,定义一圆半径,所画多边形外切于此圆。

(3)边方式:指定多边形一边的边长。

### 1.2.5 矩形绘制命令

1. 命令调用方式

菜单:绘图→矩形

工具栏:

命令行: RECTANGLE ↙

2. 操作过程(略)

3. 练习

(1)绘制一个标高为 10,厚度为 20,圆角半径为 10,大小为 100×80 的矩形。

(2)绘制如图 1－5 所示的六角螺栓。

绘制六角螺栓步骤如下:

①用点画线绘制中心线;

②使用“正多边形”工具,绘制出正六边形;使用“圆”绘制出内切圆;

③使用“圆”命令绘制出垫圈部分。

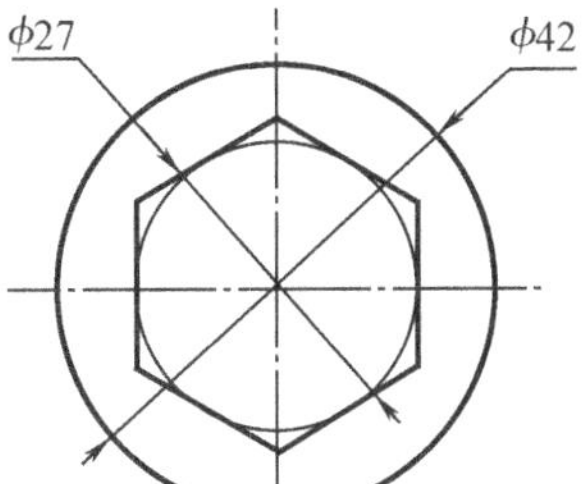


图 1－5　练习图形

## 1.2.6　圆绘制命令

1. 命令调用方式

菜单:绘图→圆

工具栏:⊙

命令行:CIRCLE ↙

2. 操作过程

AutoCAD 2005 提供了 6 种绘制圆的方法。

(1)圆心、直径法

命令: CIRCLE

指定圆的圆心或［三点(3P)/两点(2P)/相切、相切、半径(T)］:(输入一点作为圆心)

指定圆的半径或［直径(D)］:D ↙

指定圆的直径:(输入圆的直径)

(2)圆心、半径法

(3)三点法

命令: CIRCLE

指定圆的圆心或［三点(3P)/两点(2P)/相切、相切、半径(T)］: 3P ↙

指定圆上的第一个点:(输入圆的第一点)

指定圆上的第二个点:(输入圆的第二点)

指定圆上的第三个点:(输入圆的最后一点)

(4)两点法

(5)相切、相切、半径法

(6)相切、相切、相切法

命令: CIRCLE

指定圆的圆心或［三点(3P)/两点(2P)/相切、相切、半径(T)］: 3P ↙

指定圆上的第一个点: _tan 到 (利用捕捉方式选择与圆相切的第一条直线)

指定圆上的第二个点: _tan 到 (利用捕捉方式选择与圆相切的第二条直线)

指定圆上的第三个点: _tan 到 (利用捕捉方式选择与圆相切的第三条直线)

3. 使用相应的圆命令绘制如图 1－6 所示的图形(不标注尺寸)

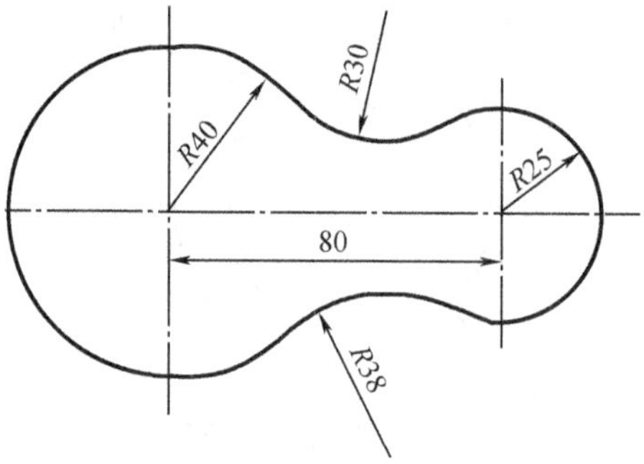


**图 1－6　练习图形**

画图操作步骤:

(1)单击绘图工具栏上【圆】按钮,指定圆的圆心或［三点(3P)/两点(2P)/相切、相切、半径(T)］:0,0↙

若想取消前面执行的多个操作,可使用 UNDO 命令或单击［标准］工具栏上的按钮。

(2)指定圆的半径或［直径(D)］:40↙

(3)回车键重复圆命令,指定圆的圆心或［三点(3P)/两点(2P)/相切、相切、半径(T)］:80,0↙

(4)指定圆的半径或［直径(D)］:25↙

(5)回车键重复圆命令,指定圆的圆心或［三点(3P)/两点(2P)/相切、相切、半径(T)］: T↙

(6)指定对象与圆的第一个切点:(选择第一个圆)

(7)指定对象与圆的第二个切点:(选择第二个圆)

(8)指定圆的半径 <44.4197>: 30↙

## 1.2.7　圆弧绘制命令

1. 命令调用方式

菜单:绘图→圆弧

工具栏:

命令行: ARC↙

2. 操作过程

圆弧的画法有多种,最常用的有以下 3 种方法:

(1)三点法

命令: ARC

指定圆弧的起点或［圆心(C)］:(输入圆弧起点)

指定圆弧的第二个点或［圆心(C)/端点(E)］:(输入圆弧上除起点或端点外的任意一点)

指定圆弧的端点:(输入圆弧端点)

(2)起点、端点、半径法

命令：ARC

指定圆弧的起点或[圆心(C)]:(输入圆弧起点)

指定圆弧的第二个点或[圆心(C)/端点(E)]：E↙

指定圆弧的端点:(输入圆弧端点)

指定圆弧的圆心或[角度(A)/方向(D)/半径(R)]：R↙

指定圆弧的半径:(输入圆弧半径)

(3)起点、端点、角度法

指定圆弧的起点或[圆心(C)]:(输入圆弧起点)

指定圆弧的第二个点或[圆心(C)/端点(E)]：E↙

### 1.2.8　椭圆绘制命令

1. 命令调用方式

菜单:绘图→椭圆

工具栏:

命令行:EL↙

2. 绘制椭圆的两种方法(图1-7)

中心点法:通过指定椭圆中心,一个轴的端点(主轴)以及另一个轴的半轴绘制椭圆。

轴、端点法:通过指定一个轴的两个端点(主轴)和另一个轴的半轴的长度绘制椭圆。

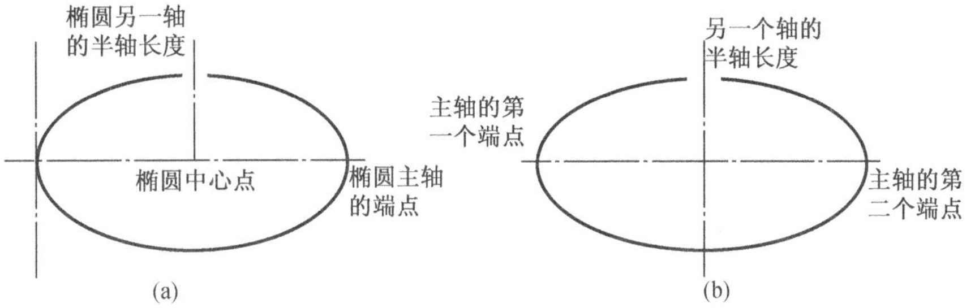


**图1-7　椭圆画法**

(a)中心点法;(b)轴、端点法

### 1.2.9　椭圆弧命令

1. 命令调用方式

菜单:绘图→椭圆→圆弧

工具栏:

2. 椭圆弧的绘制

椭圆弧绘制方法为按照命令栏提示绘制,顺时针方向是图形去除的部分,逆时针方向是图形保留的部分。

### 1.2.10　多段线命令

多段线是作为单个对象创建的相互连接的序列线段,画出来是一个整体,而直线创建的是独立的对象。

1. 命令调用方式

菜单:绘图→多段线

工具栏:

命令行:PL↙

2. 创建步骤

(1)从命令行内输入命令的快捷键 PL 确定。

(2)用鼠标左键确定多段线的起点。

(3)根据命令行的提示修改线宽(W)确定→起点宽度→端点宽度。

A 圆弧:可以画出弧线。

L 直线:可画出直线来。

(4)拖动鼠标给出线段的方向,直接拖出线段长度确定。

3. 多段线与线的区别

(1)直线有三个交点,多段线有两个交点。

(2)多段线有粗细,直线无粗细。

(3)多段线是一个整体图形,而每条线都是一个单体。

(4)多段线可以创建直线段、弧线段或两者的组合线段。直线不能绘制弧线。

### 1.2.11　样条曲线命令(SPL)

制作不规则图形,如型线、山峰、池塘。

1. 命令调用方式

菜单:绘图→样条曲线

工具栏:

命令行:SPL↙

2. 创建样条曲线的步骤

(1)在“绘图”菜单中,单击“样条曲线”,或者输入快捷键 SPL。

(2)根据提示,单击第一点、第二点,当要结束命令时,按三次空格键/回车/右键或者输入 C 闭合。

(3)拟合公差:样条曲线与输入点之间允许偏移距离的最大值。在绘制样条曲线时,绘出的样条曲线不一定会通过各个输入点,但对于拟合点很多的样条曲线来说,使用拟合公差可以得到一条较为光滑的样条曲线。样条曲线如图 1－8 所示。

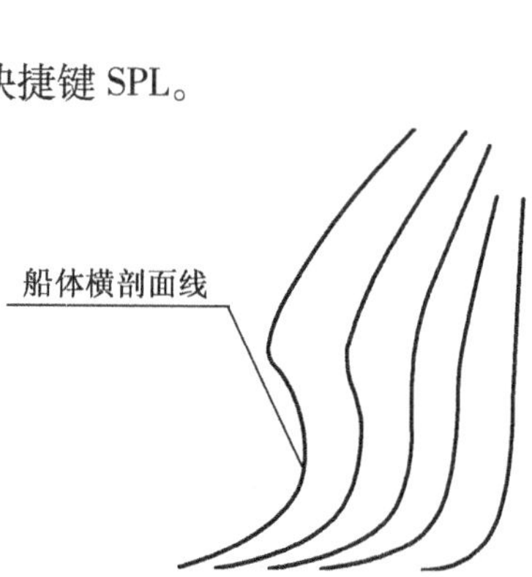


图 1－8　样条曲线

### 1.2.12　文字命令(T)

多行文字:输入的文字是一个整体。

单行文字:也可以输入多行文字,但是输入每行都是一个独立的对象。

1. 命令调用方式

菜单:绘图→文字

工具栏:A

命令行:T↙

2. 绘制文字的步骤

(1)从命令栏中输入文字的快捷键 T。

(2)输入文字时,要用鼠标左键画出文字所在的范围。在其对话框中可以设置字体、颜色等。

注:修改文字的快捷键为 ED,或双击也可以对它进行修改,当文字出现?时,说明字体不对或者没有字体名(格式→文字样式→字体名)选择正确的字体,有@的不可用。

## 1.3　尺寸标注

### 1.3.1　标注的组成

尺寸由尺寸界线、尺寸线、箭头和尺寸数字(文字)组成,如图 1-9 所示。

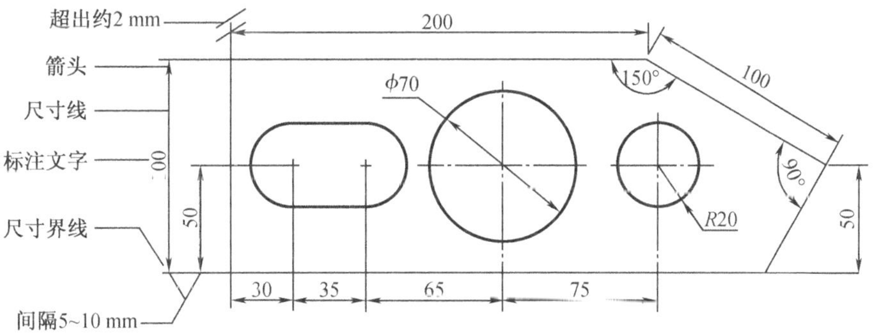


图 1-9　尺寸组成

### 1.3.2　尺寸标注的规则

(1)物体的真实大小应以图样上所标注的尺寸数值为依据,与图形的大小及绘图的准确度无关。

(2)图样中的尺寸以毫米为单位时,不需要标注计量单位的代号或名称。

(3)图样中所标注的尺寸为该图样所表示的物体的最后完工尺寸,否则应另加说明。

(4)物体的每一尺寸,一般只标注一次,并应标注在最后反映该机构最清晰的图形上。

## 1.3.3 创建与设置标注的样式

打开“标注样式管理器”对话框有如下方法：

(1)单击标注工具栏上的标注样式按钮。

(2)格式菜单下“标注样式”命令。

(3)按快捷键 D 或按 Ctrl＋M，如图 1－10 所示。

(4)单击对话框中的修改按钮将弹出如图 1－11 所示对话框。

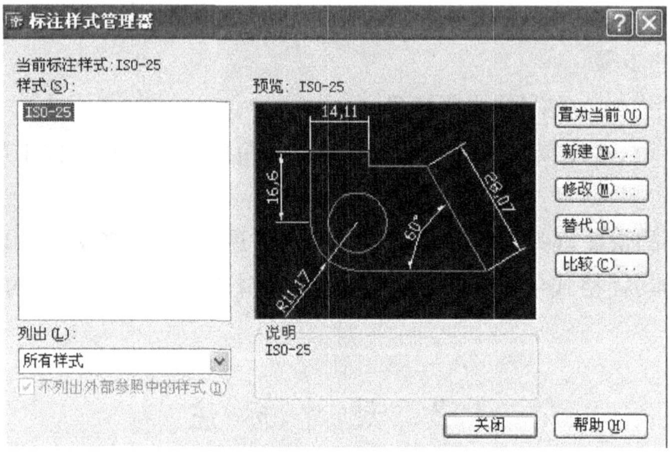


**图 1－10　标注样式管理器**

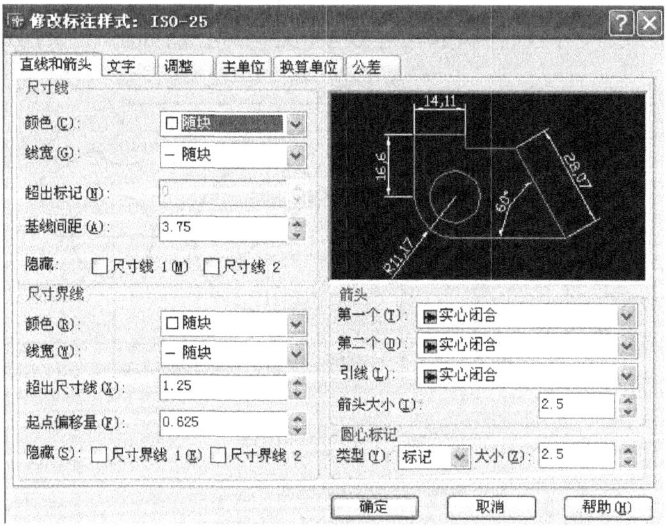


**图 1－11　标注样式修改**

## 1.3.4 尺寸标注的类型

尺寸标注类型如图 1－12 所示。

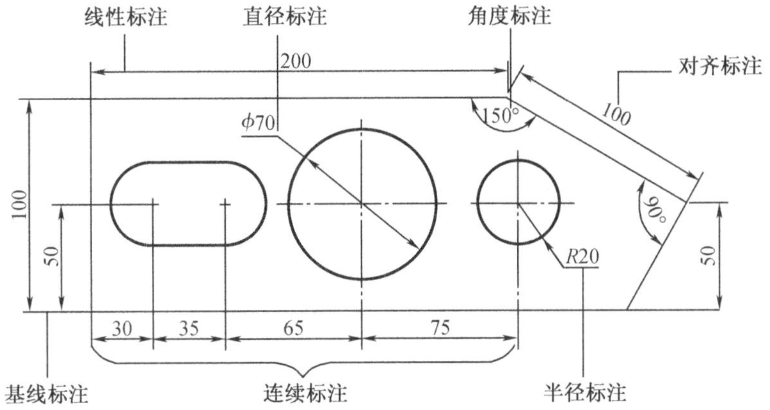


**图 1－12　尺寸标注类型**

## 1.3.5　尺寸标注的步骤

尺寸标注菜单栏和工具栏如图 1－13 所示。

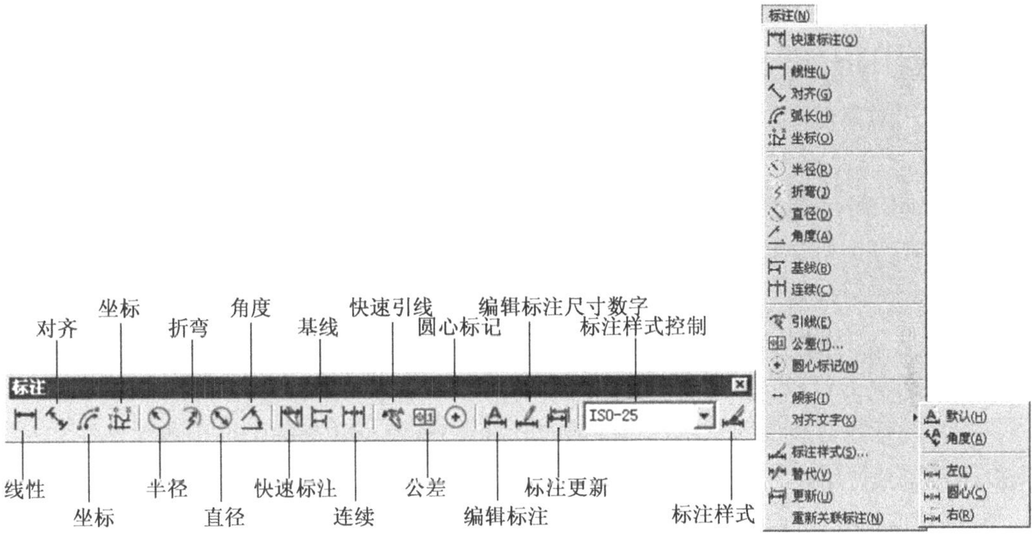


**图 1－13　尺寸标注**

1. 创建对齐标注的步骤

(1)在“标注”菜单中单击“对齐”或单击标注工具栏中的 。

(2)指定物体，在指定尺寸位置之前，可以编辑文字或修改文字角度。

①要使用多行文字编辑文字，请输入 M(多行文字)，在多行文字编辑器中修改文字然后单击确定；

②要使用单行文字编辑文字，请输入 T(文字)，修改命令行上的文字，然后确定；

③要旋转文字，请输入 A(角度)，然后输入文字角度。

（3）指定尺寸线的位置。

注：创建线性标注的方法同创建对齐标注的方法一样，如图 1－14 所示。

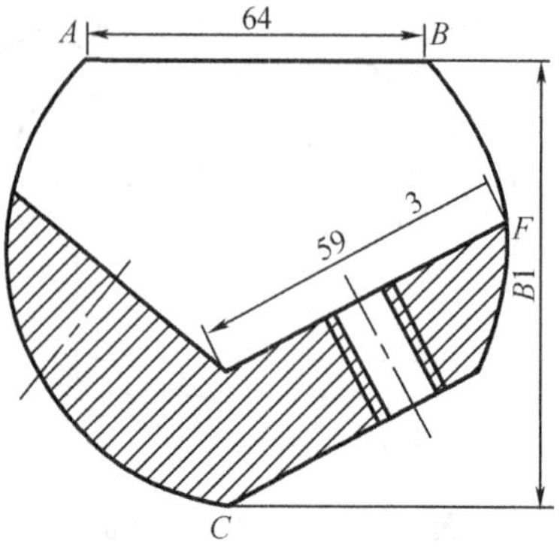


**图 1－14　线性标注和对齐标注**

2. 创建基线线性标注的步骤

（1）从“标注”菜单中选择“基线”或单击标注工具栏中的 。

（2）默认情况下，上一个创建的线性标注的原点用作新基线标注的第一尺寸界线。AutoCAD 提示指定第二条尺寸线。

（3）使用对象捕捉选择第二条尺寸界线原点，或按 ENTER 键选择任意标注作为基准标注。

（4）AutoCAD 在指定距离（在“标注样式管理器”的“直线和箭头”选项卡的“基线间距”选项中所指定）自动放置第二条尺寸线。

（5）使用对象捕捉指定下一个尺寸界线原点。

（6）根据需要可继续选择尺寸界线原点。

（7）按两次 ENTER 键结束命令。

注：基线标注必须借助于线性标注或对齐标注；连续标注必须借助于线性标注和对齐标注，不能单独使用。

3. 创建连续线性标注的步骤

（1）从“标注”菜单中选择“连续”或单击标注工具栏中的 。

（2）AutoCAD 使用现有标注的第二条尺寸界线的原点作为第一条尺寸界线的原点。

（3）使用对象捕捉指定其他尺寸界线原点。

（4）按两次 ENTER 键结束命令。连续标注如图 1－15 所示。

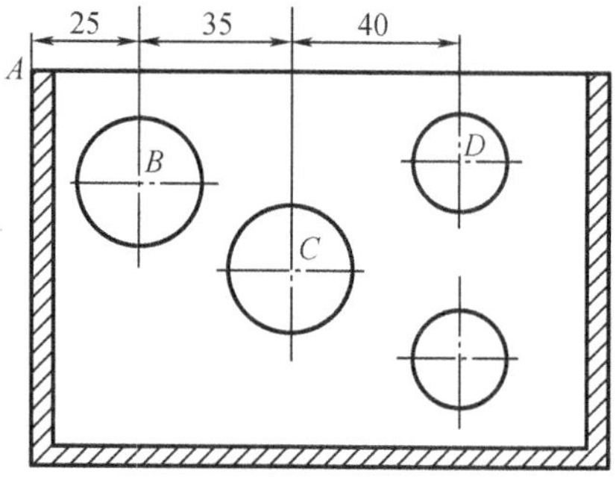


**图 1－15　连续标注**

课后练习：掌握本节所学内容并完成所有已绘制图形的标注绘制。

# 第2章　船舶CAD编辑命令

● **知识目标**

1. 理解编辑对象选择的方法和操作；
2. 熟练掌握位移、旋转、缩放、镜像、复制等绘图编辑命令的交互操作。

● **能力目标**

1. 能够根据绘制需求选择二维图形编辑命令；
2. 具备对简单图形编辑修改的能力；
3. 能够正确使用CAD软件编辑各类船体图纸。

● **素质目标**

1. 培养认真扎实的基本品质和敢于开拓创新的能力；
3. 培养化繁为简、模块分割、各个突破的能力和思维方式。

## 2.1　删除、复制、镜像、偏移命令

### 2.1.1　删除命令(E)

删除命令的使用方法：
(1)从修改工具栏中选择删除工具，选择物体确定即可删除物体；
(2)选中物体之后，按键盘上的Delete键也可将物体删除；
(3)在命令栏中直接输入快捷键E，选择想要删除的物体确定即可；
(4)在修改菜单下单击删除命令，选择想要删除的物体确定即可。

### 2.1.2　复制命令(CO)

复制命令的使用步骤：
(1)从命令栏中输入快捷键CO/在修改工具栏中选择复制按钮；
(2)选择要复制的对象；
(3)指定基点和指定位移的第二点，如图2-1所示。
多次复制对象的步骤：从命令栏中输入复制命令，选择要复制的对象，输入M(多个)；

指定基点和指定位移的第二点；指定下一个位移点，继续插入，或确定结束命令。

### 2.1.3　镜像命令（MI）

镜像命令的使用步骤：

（1）从命令栏中输入快捷键 MI/在修改工具栏中选择镜像按钮；

（2）选择要镜像的对象；

（3）指定镜像直线的第一点和第二点；

（4）按确定键保留对象，或者按 Y 将其删除。

镜像图形如图 2－2 所示。

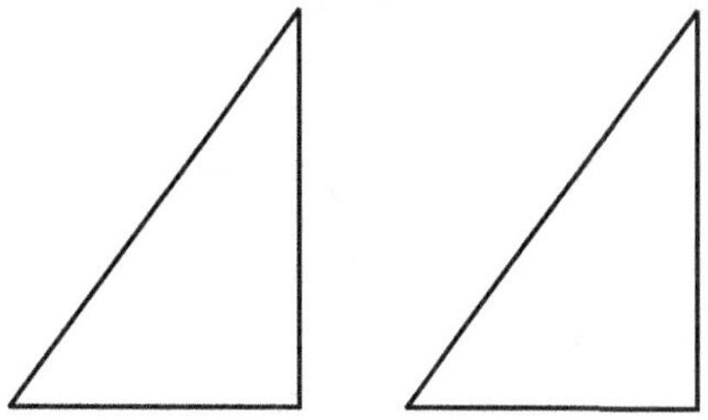

**图 2－1　复制图形**

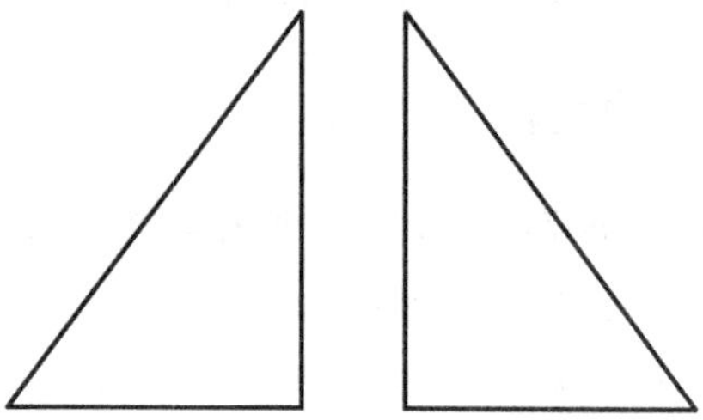

**图 2－2　镜像图形**

### 2.1.4　偏移命令（O）

在实际应用中，常利用此命令创建平行线或等距离分布图形。

块物体不能进行偏移命令，使用偏移命令时，鼠标拖动的方向就是偏移的方向。

指定的距离偏移对象的步骤：

（1）从“修改”菜单中选择“偏移”/输入快捷键 O/单击修改工具栏上的偏移按钮；

（2）指定偏移距离，可以输入值；

（3）选择要偏移的对象；

（4）指定要放置新对象的一侧上的一点；

（5）选择另一个要偏移的对象，或按确定结束命令。

使偏移对象通过一个点的步骤：

（1）从“修改”菜单中选择“偏移”；

（2）输入 T，（通过点）选择要偏移的对象；

（3）指定通过点，选择另一个要偏移的对象或按回车键结束命令。

# 2.2　阵列、移动、旋转、缩放、拉伸命令

## 2.2.1　阵列命令(AR)

1. 矩形阵列的使用步骤

(1)在命令栏中输入快捷键AR/单击修改工具栏上的阵列按钮器。

(2)在“阵列”对话框中选择“矩形阵列”，点击“选择对象”去选择物体。如图2－3所示。

(3)使用以下方法之一指定对象间水平和垂直间距(偏移)。

①在行偏移和列偏移中输入行间距、列间距，添加＋或－确定方向；

②单击“拾取行列偏移”按钮，使用它指定阵列中某个单元的相对角点，此单元决定行和列的水平和垂直间距；

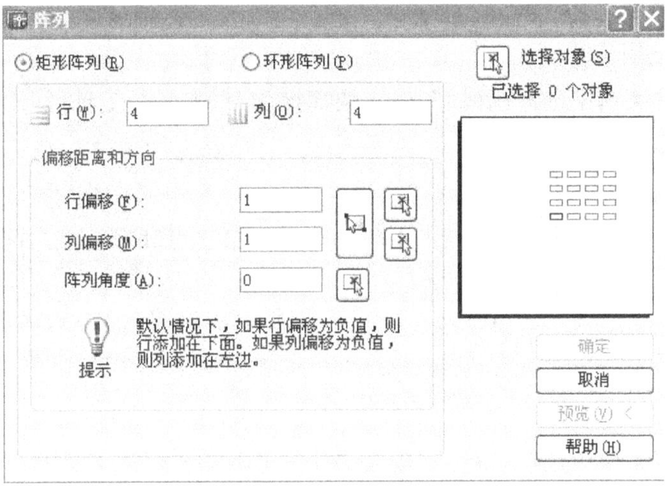


**图2－3　阵列命令**

③单击“拾取行偏移”或“拾取列偏移”按钮，使用定点设备指定水平和垂直间距；

④要修改阵列的旋转角度，请在“阵列角度”旁边输入新角度。

(4)选择确定。

2. 创建环形阵列的步骤

(1)在命令栏中输入阵列命令。

(2)在其对话框中选择“环形阵列”。

(3)指定中点后，执行以下操作之一：

①输入环形阵列中点的$X$坐标值和$Y$坐标值；

②单击“拾取中点”按钮，“阵列”对话框关闭，使用定点设备指定环形阵列的圆心。

(4)点击“选择对象”，输入项目数目(包括原对象)，确定即可，如图2－4所示。

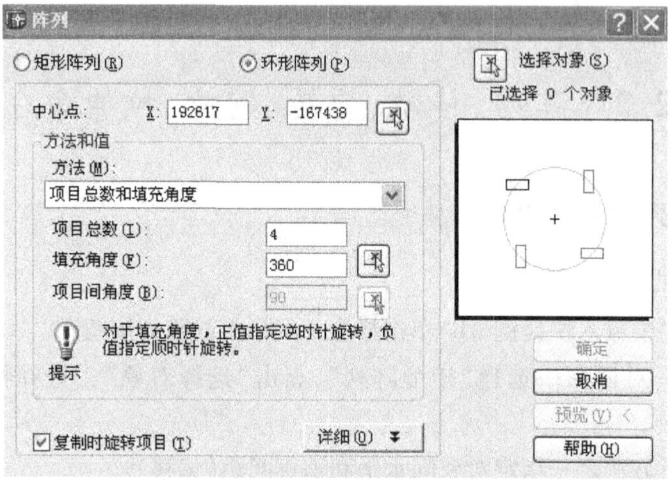


图 2－4　创建环形阵列

## 2.2.2　移动命令(M)

移动命令的使用步骤：

(1)从“修改”菜单中选择“移动”/输入快捷键 M/单击修改工具栏上的移动按钮；

(2)选择要移动的对象；

(3)指定移动基点；

(4)指定第二点，即位移点，选定的对象移动到由第一点和第二点之间的方向和距离确定的新位置。

## 2.2.3　旋转命令(RO)

旋转命令的使用步骤：

(1)从“修改”菜单中选择“旋转”/输入快捷键 RO/单击修改工具栏上的旋转按钮；

(2)选择要旋转的对象；

(3)指定旋转基点；

(4)输入旋转角度，确定，如图 2－5 所示。

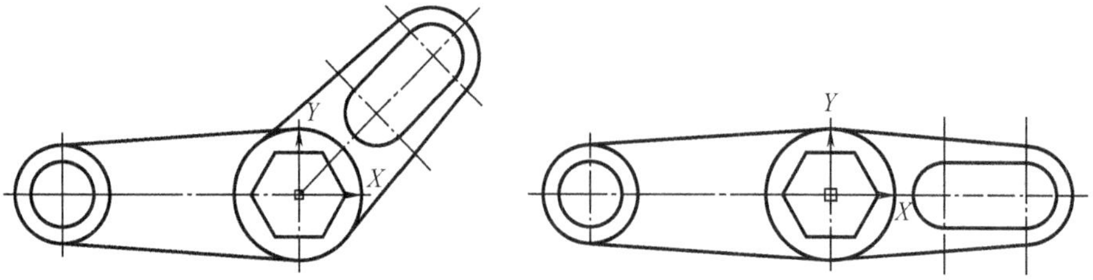


图 2－5　旋转图形

### 2.2.4　缩放命令(SC)

缩放命令的使用步骤:

(1)从“修改”菜单中选择“缩放”/输入快捷键SC/单击修改工具栏上的缩放按钮;

(2)选择要缩放的对象;

(3)指定缩放基点;

(4)输入缩放的比例因子,确定即可。

缩放图形如图2-6所示。

注:基点一般选择线段的端点,角的顶点。

### 2.2.5　拉伸命令(S)

拉伸命令用来把对象的单个边进行缩放。拉伸只能框住对象的一半进行拉伸,如果全选则只是对物体进行移动,毫无意义。

拉伸命令的使用步骤:

在命令栏中输入快捷键S,反选选择非块形状,可进行拉伸命令,从命令行内直接输入拉伸距离。

拉伸图形如图2-7所示。

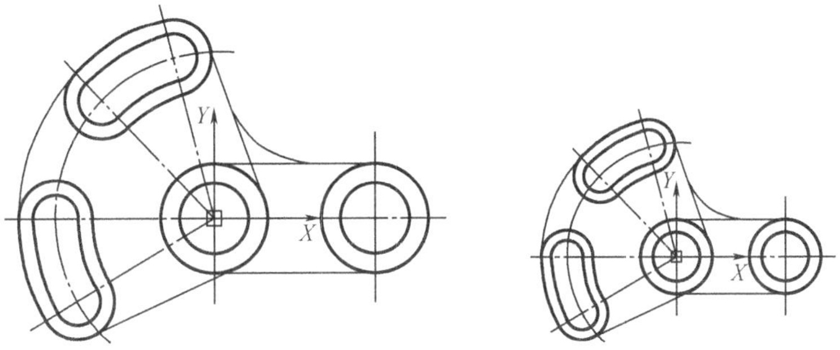


**图2-6　缩放图形**

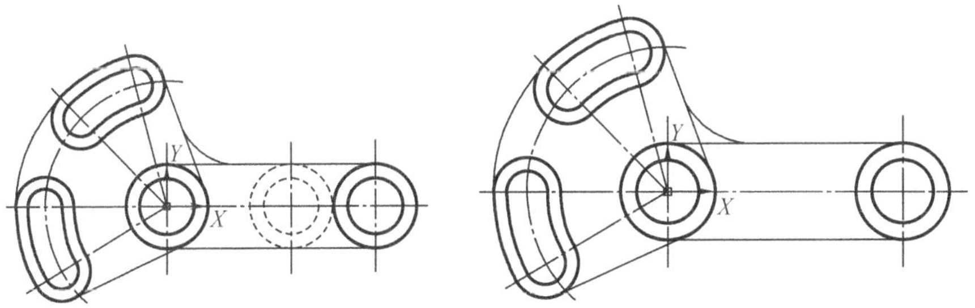


**图2-7　拉伸图**

# 2.3　修剪、延伸、打断于点、打断命令

## 2.3.1　修剪命令(TR)

修剪命令的使用步骤：

(1)在命令中输入快捷键 TR/单击修改工具栏中的修剪按钮。

(2)选择作为剪切边的对象，要选择图形中的所有对象作为可能的剪切边，按回车键确定即可。

(3)选择要修剪的对象。

练习：用 CAD 五个简单命令绘心形图案。

在 AutoCAD 中，当要修剪的对象使用同一条剪切边时，可使用“F”选项，一次性修剪多个对象。在图 2－8 中，要修剪多余的线段，先输入“TR”命令，选择右边圆弧作为剪切边，选择修剪对象时，输入“F”＋空格，再点击要剪掉的多余边线，确认，即可一次性修剪所有多余的边。

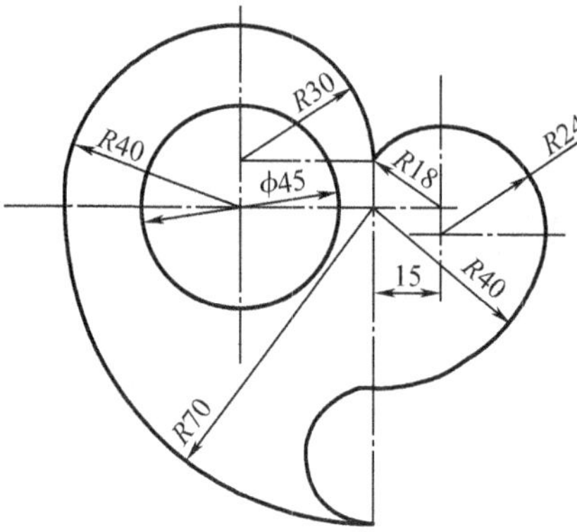


图 2－8　修剪图形

## 2.3.2　延伸命令(EX)

延伸命令的使用步骤：

(1)在命令栏中输入快捷键 EX 或单击修改工具栏中的延伸按钮；

(2)选择作为边界的对象，在选择图形中的所有对象作为可能的边界边，按回车键即可；

(3)选择要延伸的对象。

例如延伸图 2－9(a)的弧 *AB*，使其与辅助线 *OC* 相交，效果如图 2－9(b)所示。

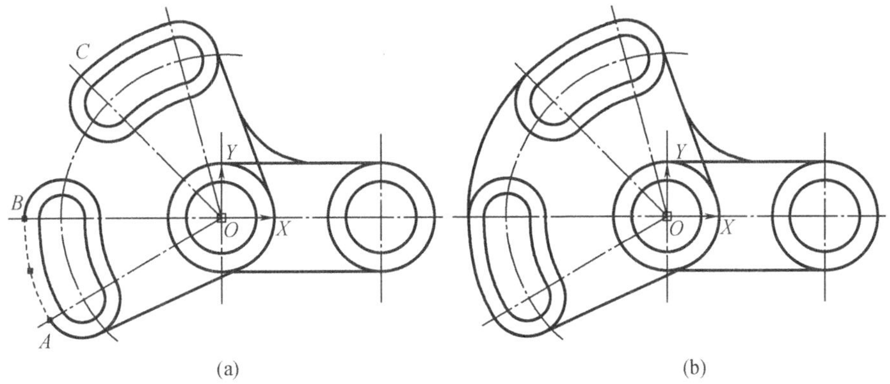


图 2－9　延伸图形

### 2.3.3　打断命令(BR)

打断命令的使用方法：

(1)从命令中输入打断命令的快捷键 BR/单击修改工具栏中的打断按钮□；

(2)用鼠标点击第一个打断点，再点击第二个打断点，或者先选择要打断的对象，再按 F 确定，然后指定第一个打断点和第二个打断点。

打断命令能明显看出变化来。

在图 2－10 中，使用打断命令时，单击点 *A* 和点 *B* 与单击点 *B* 和点 *A* 产生的效果是不同的。

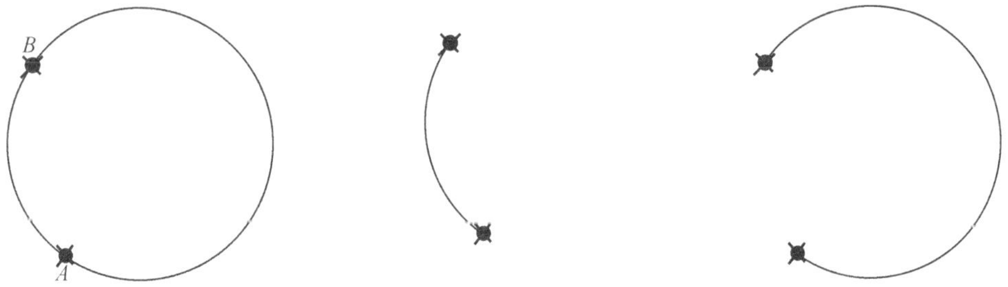


图 2－10　打断

### 2.3.4　打断于点命令

打断于点命令的使用：

(1)画一个闭合物体；

(2)从修改中点击“打断于点”命令；

(3)根据命令栏中提示，可把一个连在一起的物体打断。

但现在看不出效果，在移动命令下移动物体可以看出变化来。

在图 2－11 中，要从点 *C* 处打断圆弧，可以执行“打断于点”命令，并选择圆弧，然后单击点 *C* 即可。

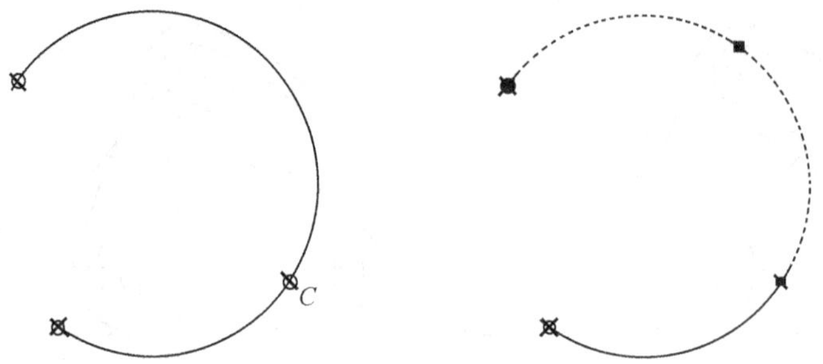


图 2-11　打断于点

# 2.4　倒角、圆角、分解命令

## 2.4.1　倒角命令(CHA)

倒角命令的使用方法：

(1)从命令栏中输入快捷键 CHA/单击修改工具栏中倒角按钮；

(2)输入 D(距离)，输入第一个倒角距离(直度边长)和第二个倒角距离(直角边长)；

(3)选择倒角直线：

[多段线(P)/距离(D)/角度(A)/修剪(T)/方式(M)/多个(U)]：

各选项含义如下：

①多段线(P)：可以以当前设置的倒角大小对多段线的各顶点(交角)修倒角。

②距离(D)：设置倒角距离尺寸。

③角度(A)：可以根据第一个倒角距离和角度来设置倒角尺寸。

④修剪(T)：设置倒角后是否保留原拐角边。

⑤多个(U)：可以对多个对象绘制倒角。

注：修倒角时，倒角距离或倒角角度不能太大，否则无效。当两个倒角距离均为 0 时，此命令将延伸两条直线使之相交，不产生倒角，此外，如果两条直线平行、发散等，则不能修倒角。

例如对图 2-12(a)所示的轴平面图修倒角后，结果如图 2-12(b)所示。

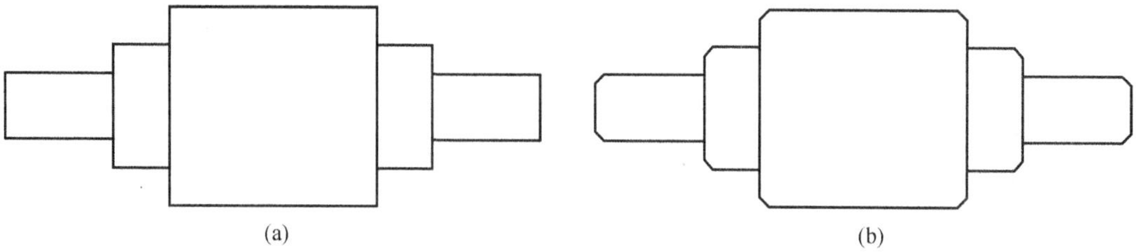


图 2-12　倒角练习

(a)倒角前；(b)倒角后

## 2.4.2　圆角命令(F)

设置圆角的步骤:

(1)从“修改”菜单中选择“圆角”/输入快捷键 F/单击修改工具栏中的圆角按钮;

(2)输入半径 R,输入圆角半径;

(3)选择要进行圆角的对象。

圆角图形如图 2-13 所示。

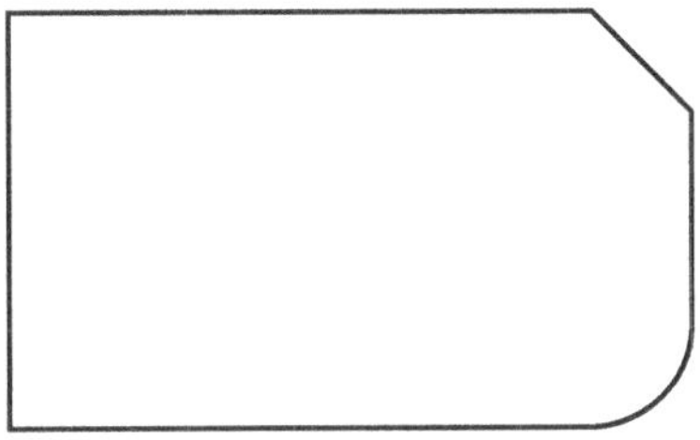

图 2-13　圆角图形

## 2.4.3　分解命令(X)

分解命令的使用步骤:

(1)从“修改”菜单中选择“分解”/快捷键 X;

(2)选择要分解的对象(对于大多数对象,分解的效果并不是看得见的)。

分解命令只是针对块物体,文字不能使用分解命令。

# 第3章　船舶CAD绘图特性管理与图形输出

● 知识目标

1. 了解区别图形对象特性的方法；
2. 理解并掌握有关图层的操作；
3. 熟练掌握赋予颜色、线型、线宽等图形特性方法和操作。

● 能力目标

1. 能够根据图形对象特性查找和选择图形对象；
2. 具备灵活应用图形对象特性的能力；
3. 能够正确使用CAD软件对船体图纸进行绘图特性管理。

● 素质目标

1. 在图层、线型的应用中，培养分类思维；
2. 养成软件工具灵活贯通的工程思维和严谨细致的工作态度。

AutoCAD可以赋予船舶图形所包含的颜色、线型、线宽等图形特性；同时，在进行船舶绘图操作过程中，可以对图形按不同特性进行合理的组织。AutoCAD的图层根据对象特性，把对象特性相似或相同的图素划分为一个集合（如粗实线层、细实线层、虚线层等）；或根据图素在整个图形中意义上的相关性，把意义相关的图素划分为一个集合（如一张船舶图中不同的肋骨剖面占不同的层等）。我们可以把不同的图素绘制到规划好的图层上，这些层是透明的，叠加在一起形成完整的图形。

本模块主要学习内容为图层、线型、颜色和线宽。

## 3.1　对象特性、图层的概念

### 3.1.1　对象特性

对象特性包括线型、线宽、颜色、打印样式、直径等。

基本特性：线型、线宽、颜色、打印样式等。基本特性可直接指定给对象，也可通过图层指定给对象。

专有特性：圆的特性包括直径、面积；直线的特性包括长度和角度等。

特性可通过对象特性下拉列表或图层进行修改。

### 3.1.2　图层

图层就像一张没有厚度的透明纸,可以在上面绘制图形。

图层的作用是便于图形要素的分类管理。图层由层名来标识。当图层较多时,每一图层设置不同的颜色,以区别各种绘图要素。

### 3.1.3　线型

用 AutoCAD 绘图,每个图层上根据实体图形要素的要求设置一种线型。

### 3.1.4　颜色

AutoCAD 的每一个图层都设有颜色,以区别不同的实体对象。颜色用自然数为代号,1 ~7 号为标准颜色。如图 3 -1 所示。

| | | | | | | |
|---|---|---|---|---|---|---|
| 1 | 2 | 3 | 4 | 5 | 6 | 7 |
| 红 | 黄 | 绿 | 青 | 蓝 | 品红 | 白/黑 |

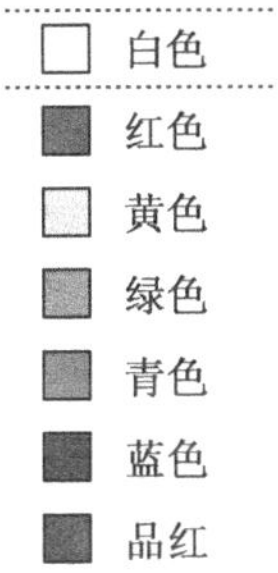


图 3 -1　颜色

## 3.2　建立对象特性

### 3.2.1　对象特性工具栏

关联特性:Bylayer 随层、ByBlock 随块。对象特性见图 3 -2。

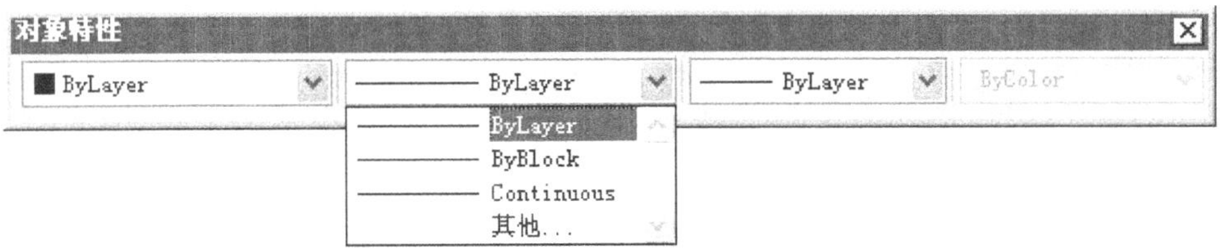


图 3 -2　对象特性

### 3.2.2 新建对象特性的建立

绘制图形,可先在对象特性工具栏选择各种特性,再绘制。

当绘制的图形没按要求显示线宽时,要按下状态栏上的“线宽”按钮。

如果线宽小于0.3 mm,即使按下“线宽”按钮,也不能显示线宽。

### 3.2.3 已有图形对象特性的修改

1. 选择对象,修改特性

对选择的对象在对象特性工具栏逐项进行修改。

2. 通过“对象特性管理器”修改

可以同时对多个图形对象的特性进行处理,修改的结果可以即时显现。

【调用】

菜单:工具→对象特性管理器(I)

命令行:Properties

工具栏:

快捷方式:选择对象,右键单击,在快捷菜单中选“特性”选项。对象特性管理器还可修改专有特性,如圆的半径等。

3. 通过“特性匹配”工具修改

将目标对象的特性修改为源对象的特性。

【调用】

菜单:修改→特性匹配(M)

命令行:Matchprop 或(MA)

工具栏:

## 3.3 图层特性管理器

### 3.3.1 图层工具栏

通过图层工具栏来管理图层。图层工具栏如图 3 – 3 所示。

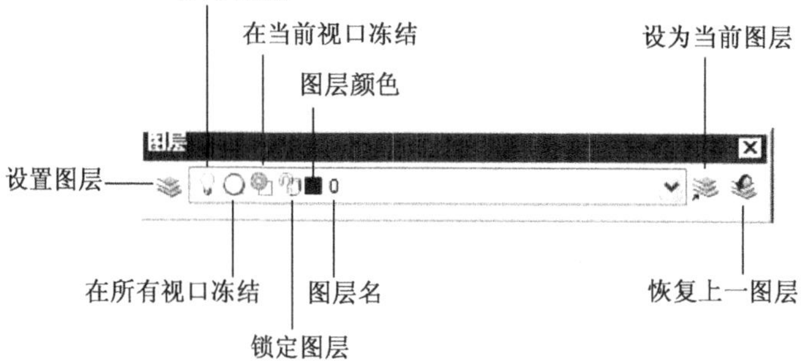


**图 3 – 3 图层工具栏**

可以在一幅图中指定任意数量的图层。

每一图层均有一层名，0 层是一幅新图的缺省图层，并置为当前层。

(1)打开/关闭：关闭后不被显示不被打印，但能与图重生成，编辑时该图层可被选择。

(2)冻结/解冻：冻结后不被显示不被打印，也不能被编辑，当前层不能冻结。

(3)锁定/解锁：锁定后可见、可选、可捕捉、可建立新对象且可打印，但不能编辑。

(4)打印/不打印：绘图时建立了一些辅助图层，该图层不需打印，可关闭打印。

### 3.3.2　图层特性管理器

1. 功能

图层特性管理器(图 3－4)用于管理图层，用它既可以创建新图层，也可以改变已有图层的特性。

2. 调用

菜单：格式→图层(L)

命令行：Layer

工具栏：

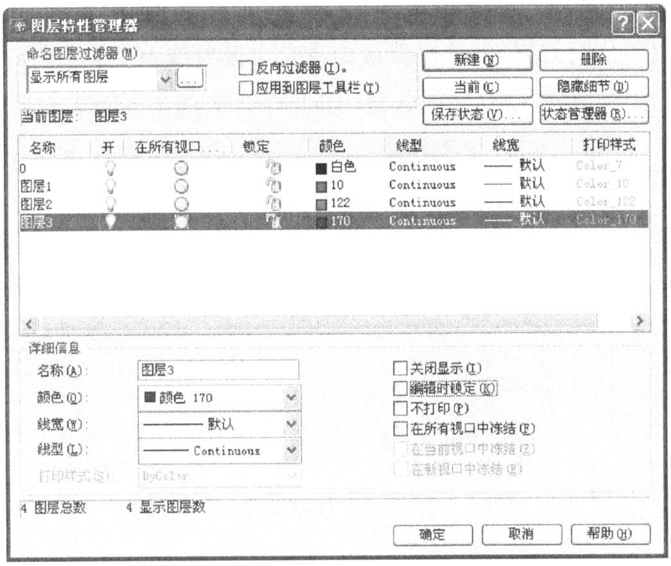


**图 3－4　图层特性管理器**

## 3.4　线型管理器

### 3.4.1　线型设置

1. 功能

使用线型管理器可以从线型库文件中加载新线型(图 3－5)、设置当前线型、删除已有的线型和进行线型的详细设置。

2. 调用

菜单：格式→线型(N)

命令行：Linetype

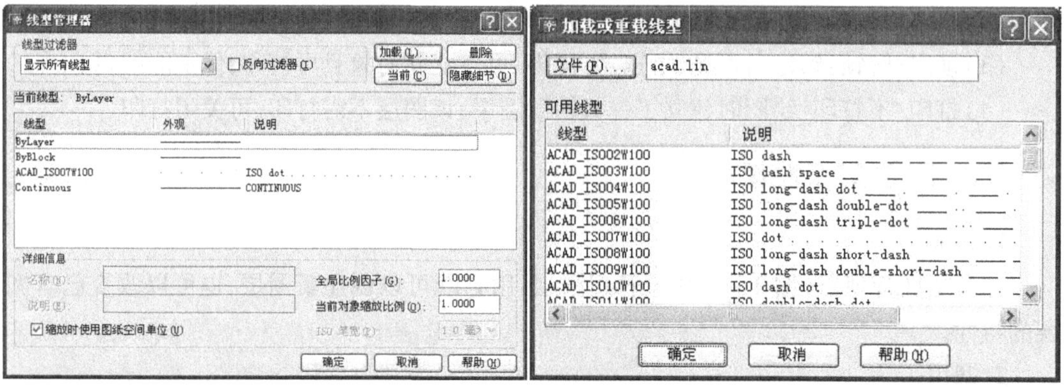


**图 3－5　线型加载**

### 3.4.2　线宽设置

线宽单位可以用公制或英制，单位默认为毫米。设置线宽为 0 或小于 0.25 mm 时，则在模型空间显示为 1 个像素宽，打印时为打印机的最细宽度。线宽设置如图 3－6 所示。

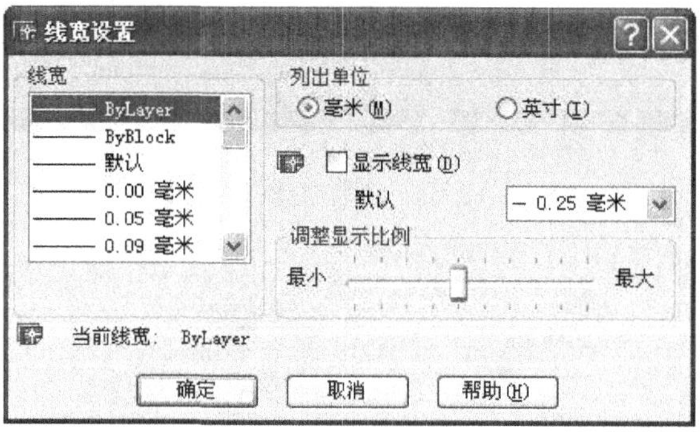


**图 3－6　线宽设置**

调用方式如下：

菜单：格式→线宽(W)

命令行：Lweight

## 3.5　块

块(Block)是由一个或多个实体组成，同时被定义为一个实体。将绘制的图形以块的形式保存起来，以便重复使用，能够提高绘图效率。

修改块，可以自动地修改插入图中的所有块，节省绘图时间。

块分为内部块和外部块。外部块以独立的图形文件保存,可以被所有的图形使用;内部块只能被当时图形所使用。

建议在0层建立块,这样以后插入时,图块的属性会自动与插入的图层属性相匹配。如果图块包含几个图层,则插入时会自动引进这些图层。

### 3.5.1　定义内部块

调用方式如下:

菜单:绘图→块(K)→创建(M)

命令行:Bmake 或 Block(B)

工具栏:

块的定义如图3-7所示。

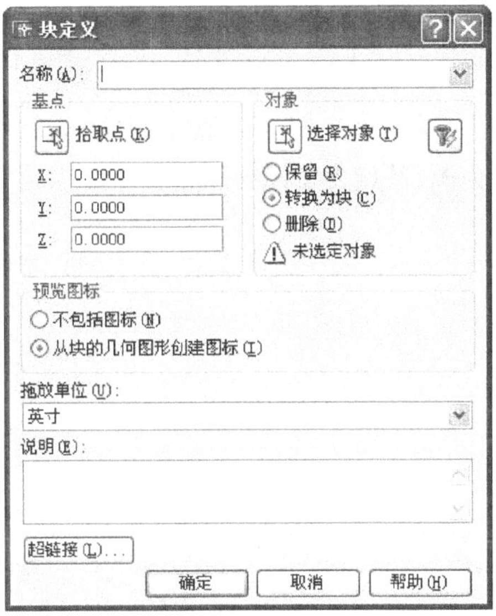


图3-7　块的定义

★ 一定要确定块的三要素:名称、基点和对象。

### 3.5.2　定义外部块

调用方式如下:

命令行:Wblock(W)

写块如图3-8所示。

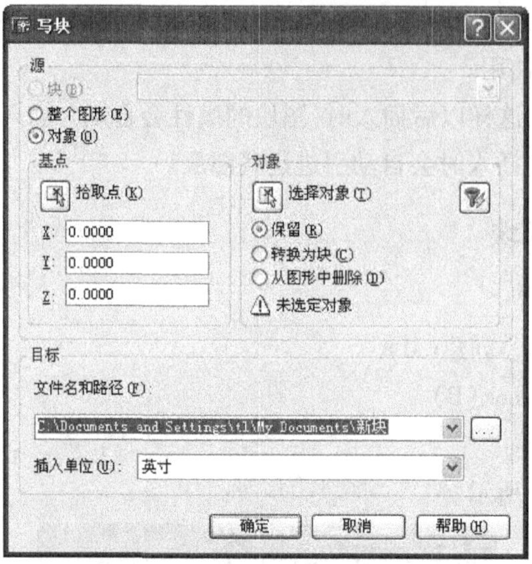


**图 3-8　写块**

★ 若选取“整个图形”为源，基点为坐标轴原点。

### 3.5.3　插入块

调用方式如下：

菜单：插入→块(B)

命令行：Insert(I)

工具栏：

插入块如图 3-9 所示。

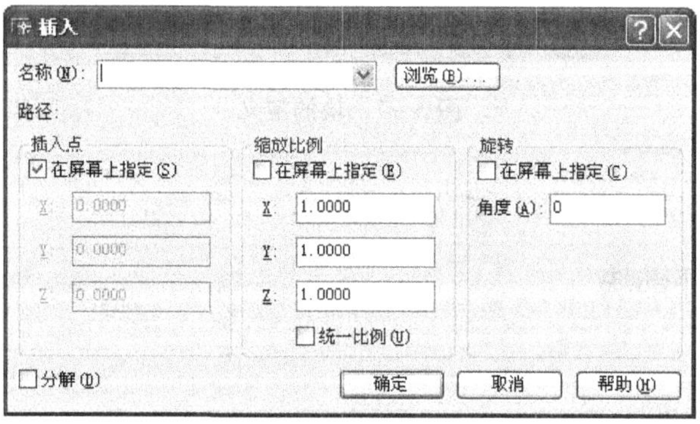


**图 3-9　插入块**

★ 还可以用矩阵复制的方式插入块。

### 3.5.4　编辑块

1. 编辑内部块(编辑完后即更新所有的内部块)

首先从“修改”菜单中选择“分解”子菜单。

2. 编辑外部块(编辑后通过插入块→浏览→重调用→重定义,才更新所有的外部块)

外部块是一个独立的图形文件,用“打开”命令打开后,修改保存即可。

块中嵌套其他块时,其他块的修改也会反映在该块中。

### 3.5.5　块属性

构图中,有时图形符号相同,但标注的文字串却发生变化,则可用属性的方法解决。属性是从属于块的文本信息,但并非一般的文本,它包括属性标志和属性值两部分。属性是块的组成部分,并依赖于图块而存在。

1. 定义属性

(1)功能

定义属性就是描述属性的特性,包括属性标志、提示、默认值、文字格式、在图中的位置和显示格式(可见或不可见)等。如图 3-10 所示。

(2)调用

菜单:绘图→块→定义属性

命令行:Attdef(ATT)

**图 3-10　属性定义**

2. 修改属性

(1)功能

在属性附着于块之前,每个属性都是独立的对象,用户可以对其进行编辑,以修改属性。

(2)调用

菜单:修改→对象→文字→编辑

命令行:Ddedit

工具栏:A/

★ 要修改文字样式、大小等特性,可通过“特性工具”修改。

3. 属性附着于块

在完成属性定义之后,必须将该属性附着到块上才能被引用。属性附着于块的方法是在用户定义块选择要包含的对象时，可将需要的属性一起包含到选择集中，这样属性就会附着于块之上，形成块的一部分，与块构成了一个整体。

为了其他图形也可调用，一般采用外部块的方式定义块。

4. 编辑属性

(1)功能

当块属性引用后，用来修改图块中的属性值。如图 3－11 所示。

(2)调用

菜单：修改→对象→属性→单个

命令行：Eattedit

鼠标：左键双击对象

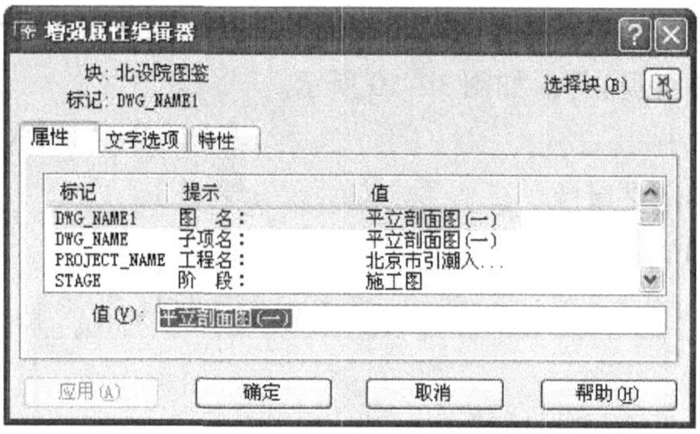


**图 3－11　属性编辑器**

5. 块属性管理器

(1)功能

当块属性引用后，管理当前图形中的属性定义，可在块中编辑属性定义，从块中删除某属性及更改插入块时系统提示用户属性值的顺序，如图 3－12 所示。

(2)调用

菜单：修改→对象→属性→块属性管理器

命令行：Battman

工具栏：(修改Ⅱ)

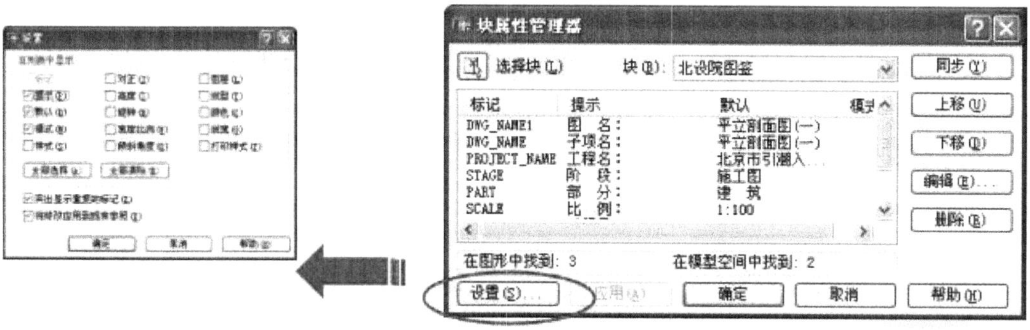


**图 3－12　块属性编辑器**

# 第 4 章　船体结构图绘制

## ● 知识目标

1. 了解船体结构图绘制时选取图样比例、图纸幅面、图面布置以及设置绘图环境的方法和操作步骤;

2. 掌握计算机绘制中横剖面图、基本结构图、分段结构图的操作方法;

3. 熟练掌握船体结构图绘制时应用图层、颜色、线型、线宽等图形特性的方法和技巧。

## ● 能力目标

1. 具备对船体结构图的识读分析能力;

2. 具备对基本绘图命令、图形编辑命令和图形特性的综合应用能力。

## ● 素质目标

1. 培养善于观察、独立思考及创新设计的能力,树立正确的职业道德观;

2. 传承注重细节、追求完美、一丝不苟、精益求精的工匠精神。

本章在以前内容的基础上,主要掌握以下内容:

(1)计算机船舶中横剖面图绘制;

(2)计算机船舶基本结构图绘制;

(3)计算机船舶分段结构图绘制;

(4)计算机船舶零件图绘制。

本章的重点是介绍船舶分段结构图绘制。中横剖面图绘制、基本结构图绘制、分段结构图绘制和零件图绘制之间有紧密的联系,为减少不必要的重复,在讲解以上各部分内容时,将各有侧重。

在船舶中横剖面图和基本结构图绘制中,重点介绍选取图样比例和图纸幅面、设置绘图单位、图形界限、图面布置以及需要的主要绘制命令提示,而中横剖面图和基本结构图的详细绘制过程将放到船体分段结构图绘制中讲解,在此不详细讲解。

## 4.1　计算机船体中横剖面图绘制

绘制中横剖面图是船体结构详细设计过程中的一项工作,与船体分段结构图绘制密切相关,这里介绍已知中横剖面构件的尺寸和连接方式的情况下使用 AutoCAD 绘制中横剖面图的方法和步骤。

1. 选取计算机出图的图纸幅面

使用计算机输出设备出图时,可根据输出设备所能绘制图纸的最大尺寸,再设置出图比例。目前工厂使用的绘图仪一般最大为 A0。尺度较小的船可选用较大的比例,超大型船舶要选用较小的比例,如 1:100 或更小,通常根据输出设备所能绘制图纸的最大图纸幅面选定图样比例。但为了使用方便,图纸幅面不宜太大,所以有时还需根据选用的图纸幅面大小重新选取适当的图样比例。图纸幅面通常在 A0,A1,A2 范围内选择。

2. 设置计算机绘图环境

计算机绘图环境的设置通常包括绘图单位设置、精度设置和绘图空间的界限范围等方面。

(1)设置绘图单位

命令:UNITS

菜单:Format→Units

绘图单位包括长度单位和角度单位,AutoCAD 提供了 Drawing Units 对话框来设置长度单位和角度单位。执行 UNITS 命令即可打开 Drawing Units 对话框,根据需要进行设置。

船舶图样绘制一般选取 Decimal(小数)类型,精度选取至 0.01 mm 即可。

Angle 选项组用于设置 AutoCAD 的角度单位类型与精度。船舶图样绘制一般选取 Deg/Min/Sec(度/分/秒),精度选取至 1 s 即可。

(2)设置图形界限

命令:LIMITS

菜单:Format→Drawing Limits

例如设置 594 * 841(A1)的图纸,操作过程为:

Command:LIMITS

Reset model space limits(重新设置模型空间界限):

Specify lower left corner or[ON/OFF] <0.0000,0.0000>:(指定左下角点)

Specify upper right corner <420.0000,297.0000>:594,841(指定右上角点)

3. 图面布置

剖面图按剖切位置的肋位编号顺序从左至右依次布置。局部结构图可安排在剖面图相应结构部位的附近或其他空白的地方。主尺度栏和附注栏通常安排在图纸的右上方。布置可根据图幅左下角点和右上角点坐标进行,可通过移动命令进行调整。

4. 绘制剖面图的外形和定出各部分结构的位置

在此项绘图中,对于线型和线宽的处理有两种方式:一种是先不设置线型、线宽和图层,待图形绘制完成后,再使用图形对象特性匹配命令设置;另一种方式是绘图之前设置。两种方式各有方便之处,都可以采用。

(1)在图纸下方适当位置使用直线段命令 Line 作基线,然后根据剖面图的半宽值,在适当位置作基线的垂线,即船体中线。作基线的垂线,可利用屏幕下方的“OTRACK”按钮提供特殊方向和点的追踪功能,先打开“OTRACK”按钮,然后使用直线段命令 Line 在基线上确定一起点,将光标移开此点,大致移向垂直方向,则有虚线自动准确显示垂直方向,由此可确定垂线上另外一点。每个剖面图都应单独绘制船体中线,而不允许两个剖面合用一根中线。

(2)根据剖面图的剖切位置,在型线图中得出肋位剖面图外形的尺寸,然后绘制外形。如果读者的计算机上或联网的计算机上有船体型线光顺系统与型线图绘制系统,如上海沪东船厂开发的 HD－SHM 系统,那么所选肋位剖面的外形不需要重新绘制,只要从光顺后的型线图中将其粘贴过来即可。如果无上述条件,就要使用 AutoCAD 绘制,对于剖面外形由直线和圆弧组成的,只要使用直线段和圆弧绘制命令即可,要注意在舭部直线段和圆弧会相切;对于剖面外形除了由直线和圆弧组成外,还有一般曲线的情况,如舭部或甲板为一般曲线,则舭部或甲板要使用 Spline 命令绘制。

(3)根据双层底和各甲板间高度、各纵向围壁距船体中线的尺寸等定出各部分结构的位置。确定各部分结构的位置时,注意使用 AutoCAD 提供的相对坐标功能,例如,甲板边线点在横剖面上距中心线和基准线的距离是确定的,这样就可以使用 Point 命令在中心线和基准线相交处作出一点,再使用 Point 命令并输入距中心线和基准线的相对坐标值,就确定了甲板边线点的位置。

由步骤(1)(2)(3)可绘出图 4－1 所示的图形。

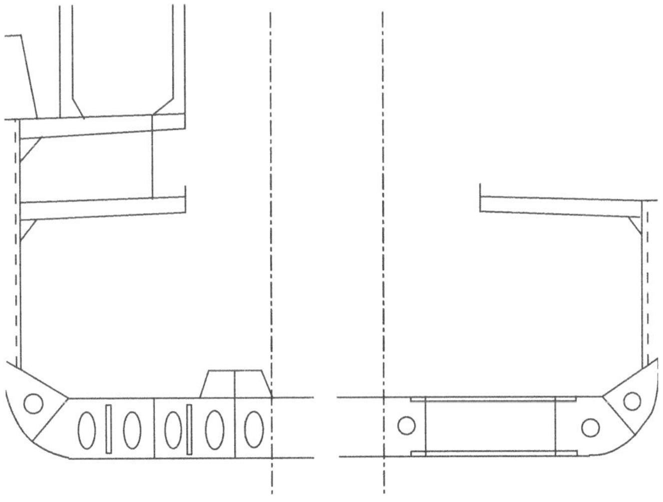

**图 4－1　横剖面外形与各部分结构位置图形**

5. 绘制各部分结构

绘制的顺序通常是先绘底部结构,再绘舷侧结构,然后绘甲板和上层建筑结构。船体结构通常对称于中线面,所以剖面图一般只绘略多于一半的图形,见图 4－2。

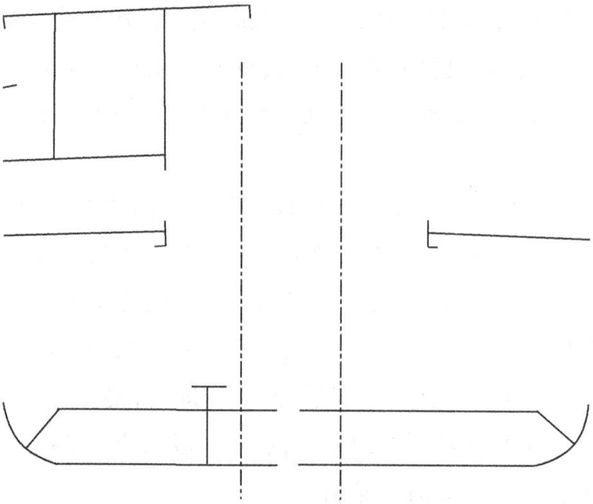

图 4－2　横剖面图的各部分结构

6. 设置线型、线宽和标注尺寸

校对无误后按图线要求设置线型、线宽和标注尺寸。设置线型、线宽可采用特性匹配命令，例如，要将用细实线绘制的外板剖面线设置为粗实线，可按粗实线宽度绘制任意直线，然后使用特性匹配命令先选中该直线，再点击外板剖面线，外板剖面线即变为粗实线。

命令：Matchprop

选择源目标：粗实线

选择目标或［设置］：被匹配对象（外板剖面线），见图 4－3。

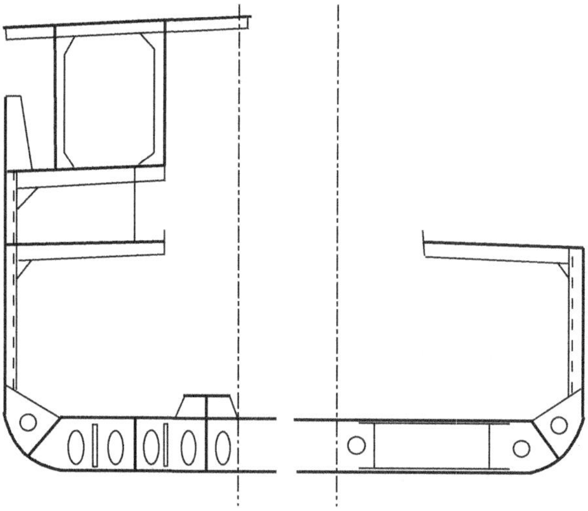

图 4－3　设置线宽后的横剖面图

7. 绘图前设置线型、线宽和颜色

如果不同线型、线宽的图线比较多，混合在一起，则使用特性匹配命令设置线型、线宽不够方便，在出图比例一定的情况下，可以根据将要绘制的图形对象的线型、线宽，先设置线型、线宽再绘图。

绘制图 4 –4 的中横剖面图。

主尺度

| | |
|---|---|
| 垂线间长 | 66.00 m |
| 型　宽 | 12.80 m |
| 型　深 | 6.20 m |
| 吃　水 | 4.80 m |
| 肋骨间距 | 0.62 m |
| 梁 拱 高 | 0.25 m |

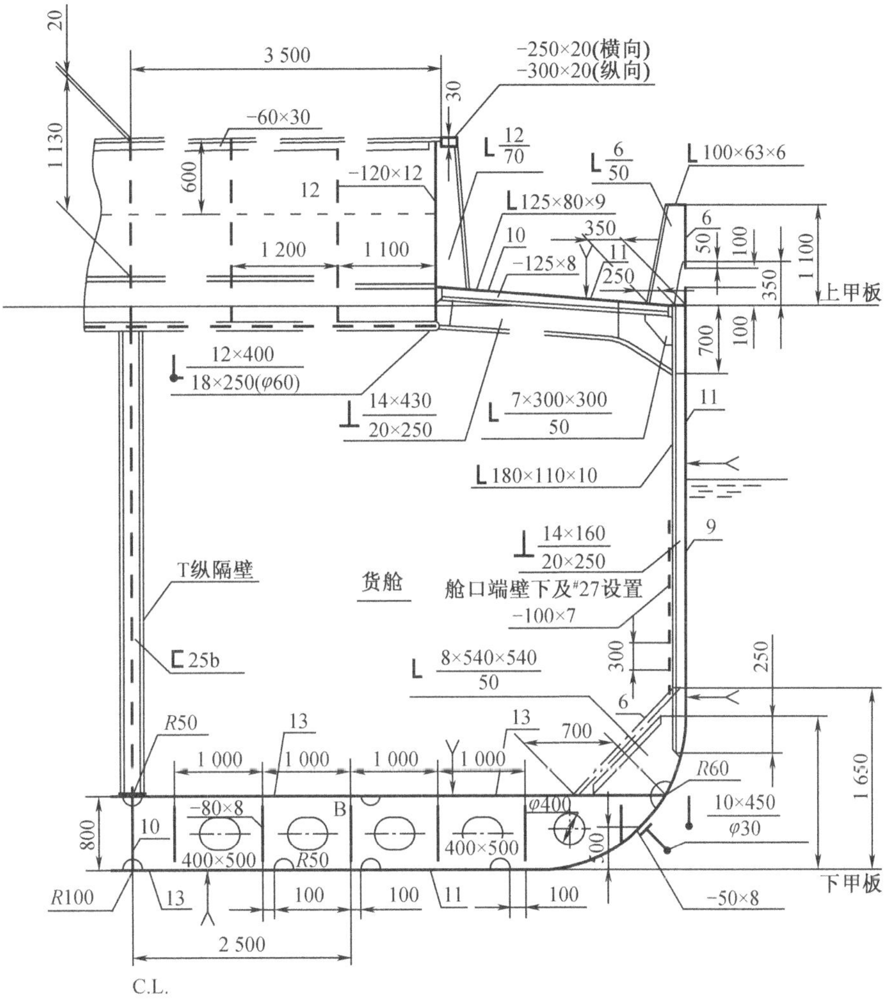


图 4 –4　中横剖面图

## 4.2 基本结构图绘制

绘制基本结构图也是船体结构详细设计过程中的一项工作。这里介绍使用 AutoCAD 绘制基本结构图的方法和步骤。基本结构图是用一个纵向和数个水平方向剖面图或剖视图来表示船体结构基本情况的全船性结构图样,与中横剖面图组成了表示全船结构的三向视图。基本结构图也是绘制其他结构图样的依据之一。

基本结构图由纵剖面图,各层甲板、平台图,舱底图和主尺度栏组成。

绘制基本结构图要参考型线图、总布置图和中横剖面图。绘制的主要步骤如下:

1. 选取剖切位置

打开型线图、总布置图和中横剖面图,使用绘图命令绘出剖面线,再使用查询等命令测出所需尺寸,然后删除所绘剖面线。

2. 确定图样比例和图纸幅面

基本结构图常用的比例是 1:100,1:50,1:25 等。如果甲板、平台层数较多, 可以选用两张或两张以上图纸,以免图样幅面过大,使用不便。其他要求与中横剖面图相同。

3. 布置图面

中纵剖面图布置在图纸上方,平台图依次布置在中纵剖面图的下方,舱底图布置在图纸的下方,主尺度栏布置在图纸的右上方。

4. 画出各图形的基准线

画出中纵剖面图的基线,各层甲板、平台图和舱底图的中线,并在基线上定出垂线间长和肋位,再根据基线上的肋位定出各中线上的相应肋位。确定肋位时,可使用 DIVIDE 和 EASURE 命令,同时注意使用 POINTSTYLE 命令将点的形式设置为十字形。

5. 绘制各图的外形

(1)绘制中纵剖面的外形

中纵剖面图的外形通常由型线图的中纵剖线和甲板中线确定。如果有 HD - SHM 系统已经建立了船体型线,可调用型线图的中纵剖线和甲板中线;如果没有建立船体型线,可根据型值,使用 SPLINE 命令绘制。上层建筑中的各层甲板、平台线可按总布置图中表达的各层甲板、平台的位置及甲板间高度画出。

(2)绘制甲板图和平台图的外形

在中线上任意作若干根肋位线,在肋位上定出由型线图提供的甲板边线或平台边线的型值,可调用型线图中的型线或使用 SPLINE 命令绘制,即得甲板、平台图的外形。

(3)绘制舱底图的外形

舱底图的外形与剖切位置有关。如果在最下层甲板与底部构架之间选取剖切面时,则一般取最下层甲板边线为外形轮廓。如果剖切面取自底部构架上缘,则取肋板边线和内底板边线为外形轮廓。它们的画法与甲板图相似。

6. 绘制纵剖面图

在中纵剖面图的外形基础上画出纵、横构件。注意使用图形编辑命令。步骤如下：

(1)绘制横舱壁、上层建筑横向围壁、货舱口和机舱口围板、内底板等。

(2)绘制中内龙骨、甲板纵桁、纵舱壁、舷侧纵桁等纵向构件。注意，凡位于中线面的纵向构件均作未剖切绘制。

(3)绘制横梁、肋板强肋骨等横向构件。

7. 绘制甲板图、平台图和舱底图

在甲板图、平台图和舱底图的外形基础上画出纵横构件。步骤如下：

(1)绘制甲板板、平台板和内底板上的开口。

(2)绘制纵横构件。

(3)绘制甲板板、平台板和内底板的接缝线。

如果结构对称于中线面，则允许甲板图、平台图、舱底图(通常限于单底结构的船)的图形不全部画出，而只画出略多于一半的图形。

中纵剖面图与甲板图、平台图及舱底图是表示同一条船结构的两个不同方向的视图，两者有着密切的联系。绘图时，要注意相互对应，要充分利用计算机绘图的编辑功能。例如，可将中纵剖面图上的肋骨位置点直接复制到甲板图上等。

8. 按图线要求设置线型、线宽和标注尺寸

方法与中横剖面图相同。

9. 标注舱室名称，填写主尺度栏和标题栏

该部分内容可使用字符标注的有关命令进行。

绘制图 4－5、图 4－6 和图 4－7。

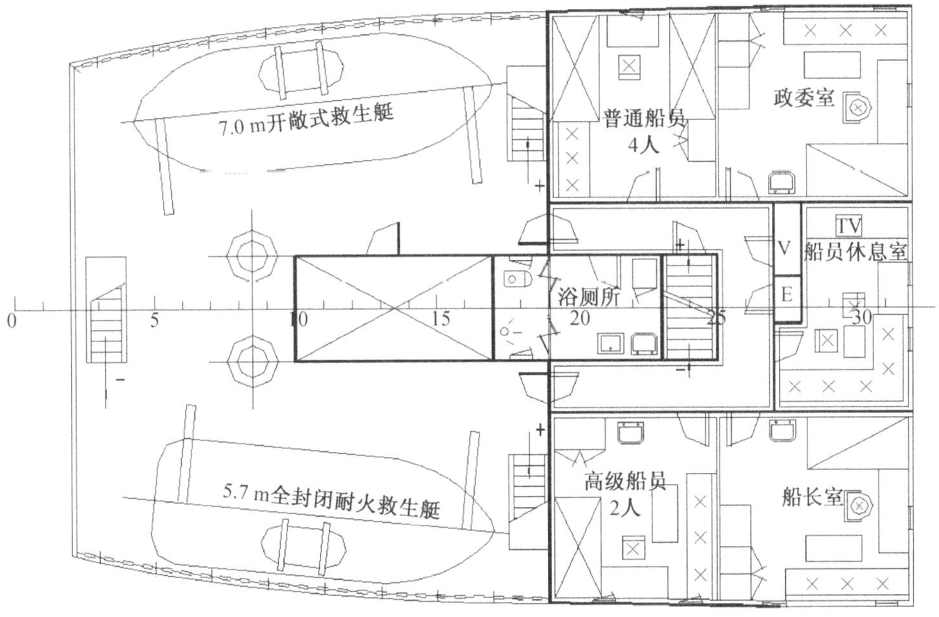


**图 4－5　甲板布置图**

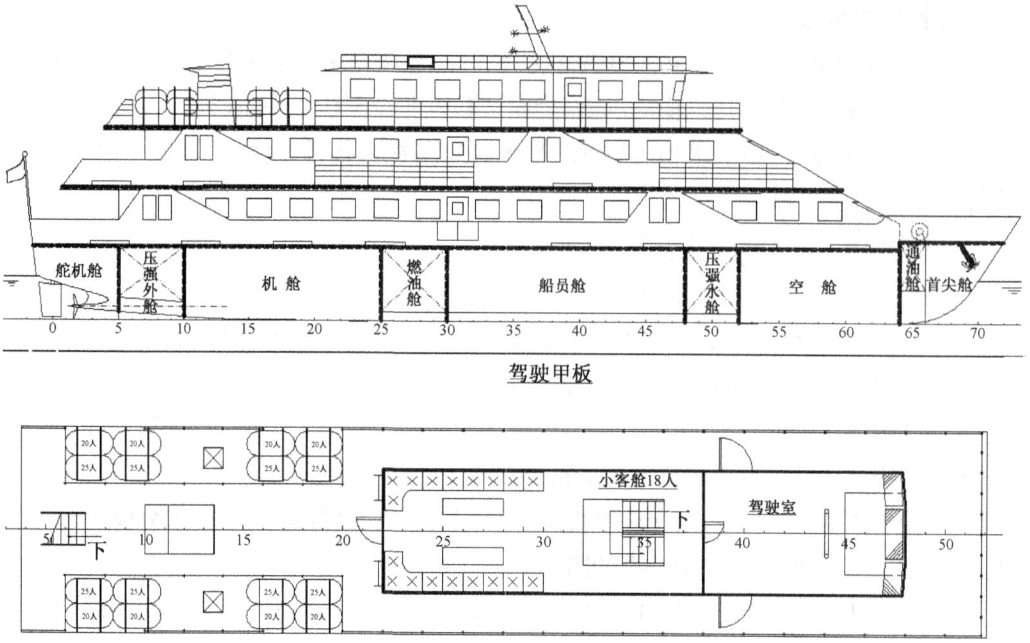


图 4－6　船体总体布置图

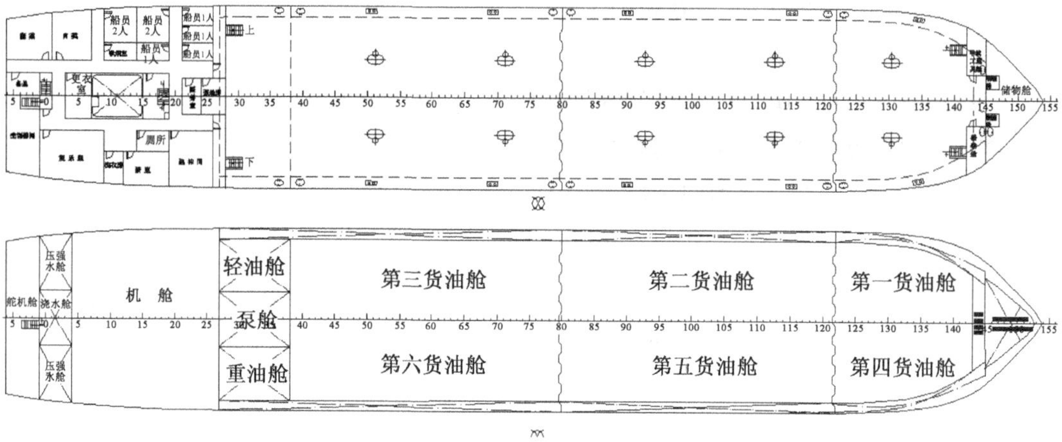


图 4－7　船体甲板平台图

## 4.3　分段结构图绘制

绘制分段结构图是详细设计中的一项重要工作，绘制的主要依据是船体分段划分图、中横剖面图、基本结构图、外板展开图、肋骨型线图等。绘制前，要根据分段划分图确定的分段位置，阅读中横剖面图、基本结构图等图样，分清分段构件的组成和主要构件的尺寸及连接情况。

分段结构图通常以其表示的结构来分类。一般有底部分段结构图、舷侧分段结构图、甲板分段结构图、舱壁结构图、艏段结构图、艉段结构图和上层建筑结构图等。如果分段结构图表示的是船体某一环形段(包括船底、舷侧和甲板)的结构,称为总段结构图。对于同一类分段结构图,则以其表示的分段位置来区分,如"#6 - 150 ~ #16 + 250"甲板结构图等。

分段结构图的数量取决于船舶大小和分段划分的情况。本节将以 29 000 t 多用途货轮的底部结构为例,详细介绍分段结构图的绘制过程。

## 4.3.1　确定视图

1. 确定主视图

通常选择能表示分段结构基本情况的视图作为主视图。一般来说,底部、甲板、平台、上层建筑常以基本结构图中相应位置的舱底图、甲板图、平台图为依据,用较大比例绘制而成,艏、艉段结构则以纵剖面图为依据,用较大比例绘制而成。舷侧分段常以外板展开图中相应位置的图形为依据,用较大的比例绘制而成,也可从舷侧有构架的一面进行投影所得的视图作为主视图。横舱壁结构则以它的肋位剖面图作为主视图,艏、艉柱结构则以它的侧面投影图为主视图。

底部(双层底结构)、舷侧、甲板、平台、舱壁、上层建筑分段结构图的主视图通常采用简化画法来表示,它们的图线含义与基本结构图或外板展开图一致。图 4 - 8 为底部分段的主视图。

内底板平面图 (1:100)
INNER BOTTOM PLATING PLAN

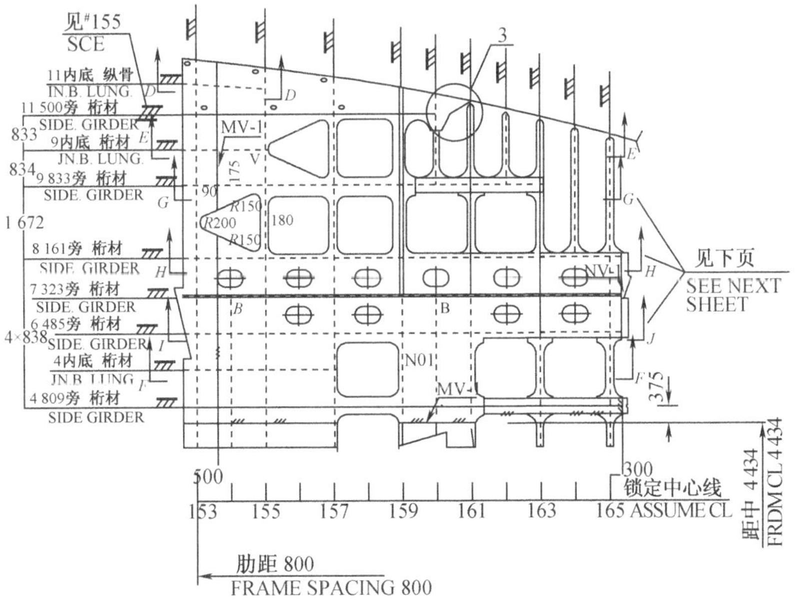


**图 4 - 8　底部分段主视图**

确定主视图要充分利用计算机绘图的复制、插入、缩放等编辑功能,根据分段的分布范围从基本结构图和外板展开图中得到本分段的主视图。例如,分布范围为"#153 + 150 ~ #165 + 300"的底部分段结构图的主视图,可以在基本结构图的舱底图上,以分段线为基准向外侧让出适当距离，作分段线的平行线，然后使用 Trim 命令切去分段以外的图形，再将该线改为破折线，即得到本分段的主视图。

2. 确定剖面图

根据主视图所表示的结构基本情况来确定剖面图，对形式不同的结构分别绘制剖面图来表示，对形式相同的结构只绘制一个剖面图来表示。

剖面图是用来表示分段中构件的形状、结构形式、尺寸和相互连接方式的视图。常用的有肋位剖面图、纵剖面图、一般位置剖面图和分剖面图等几种形式。

对于肋骨剖面图要充分利用肋骨型线图的型线和中横剖面图的表达方式与尺寸。图 4－9 为底部分段靠近艉部的肋骨剖面图。

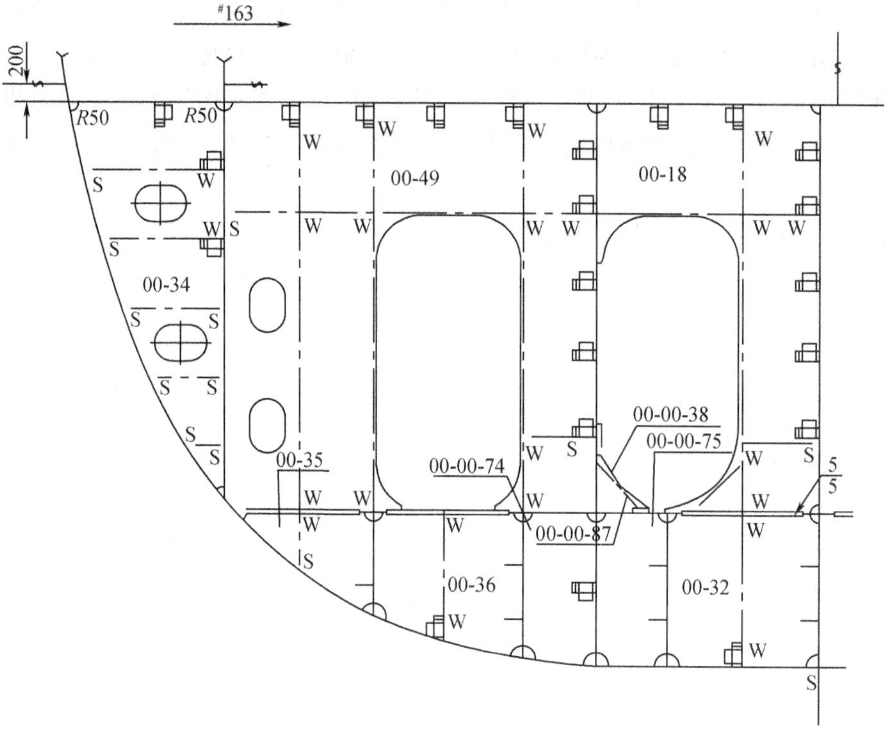


**图 4－9　底部分段的肋骨剖面图**

对于纵剖面图要充分利用纵中剖面图的表达方式与尺寸。图 4－10 为底部分段的纵剖面图。

3. 确定节点详图

节点详图是表示节点处结构情况的局部放大图。由于主视图和剖面图往往不易把节点处的结构表达清楚，所以在分段结构图中，对主视图和剖面图内图形较小，连接形式不同，表达又不够清晰的节点，均另行绘制节点的放大图，以详细表达构件的结构形式和相互连接方式，并在图中完整地标注构件的尺寸和焊缝代号等。如果放大图尚未把节点的结构完整地表达清楚，也可以放大图为主视图，再画其他视向的视图来表达。当详图比较大，板和型材厚度的投影大于 2 mm 时，则其剖面要画剖面符号。

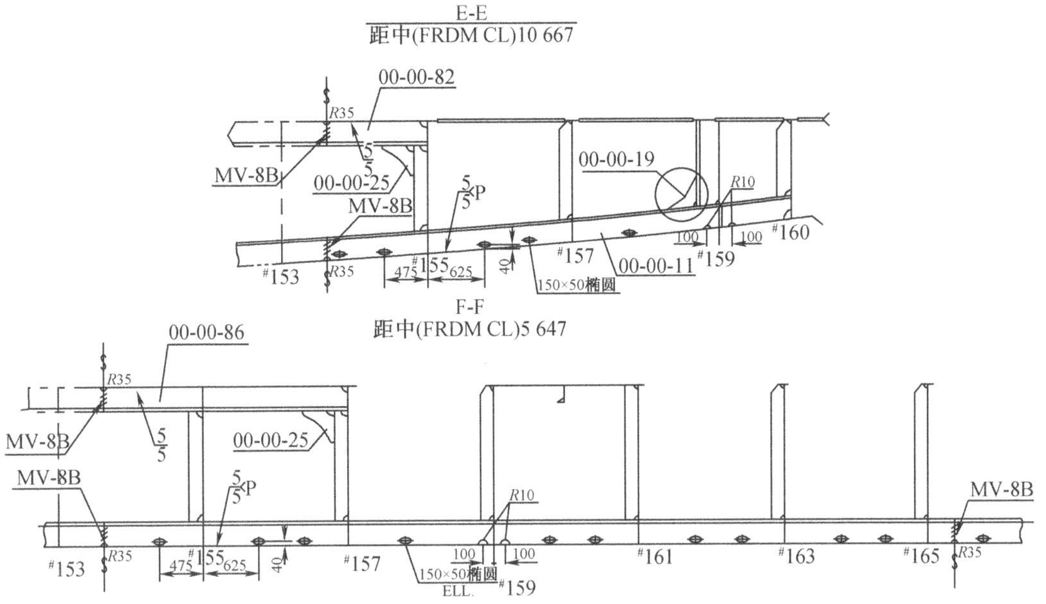


**图 4-10　底部分段的纵剖面图**

计算机绘图也给节点详图绘制带来极大方便，一般不需重新绘制，只要使用 Trim 或 Break 命令将节点处结构和与之相连的结构切断并局部放大就可以得到节点详图。图 4-11 为节点详图及相关剖面图。

## 4.3.2　选取图样比例和图纸幅面

图样比例和图纸幅面要根据分段的外形尺寸、剖面图及节点详图的数量来确定。由于分段结构图直接用于施工现场，为了使用方便，图纸幅面不宜过大，但图形要求清晰，比例又不宜太小，所以比例和幅面要选择适当。目前在工厂中建造的大、中型船舶的船体分段都比较大，一两张图纸往往不够用，就使用多张 A3 幅面图纸，这样携带和查阅方便。它采用将主视图、剖面图、节点详图、明细栏分多页布置，再装订成册的方法。节点详图一般不单独布置成页，而是与相关的主视图、剖面图布置在一页。通常情况下，一个 100 t 左右的分段的 A3 幅面分段结构图纸有十几页。

在计算机绘图中，为了绘图方便，一般不将每张图纸保存为一个图形文件，而是将一张大的图纸划分成若干大小相等的小图纸，把主视图、剖面图以及与之相关的节点详图分别绘在这些小图纸上。最后，按相同比例，将每张小的图纸打印出来。通常，图纸的标题栏在第一页，技术说明在第二页，其他各页不设置标题栏，只标页码。

根据船和分段的大小不同，通常主视图的比例选用 1:50，1:25，1:20 等，节点详图的比例选用 1:10，1:5 等。这里需要指出的是，由于计算机绘图具有缩放、复制等功能，为节省图纸空间，对节点构成简单的剖面图可以放大比例，与其他节点构成复杂的剖面图比例不同。例如，某底部分段在#157 肋骨位置有肋板布置，节点构成复杂，采用小比例；而#156、#158 肋骨位置无肋板，节点构成简单，采用大比例，如图 4-12 所示。

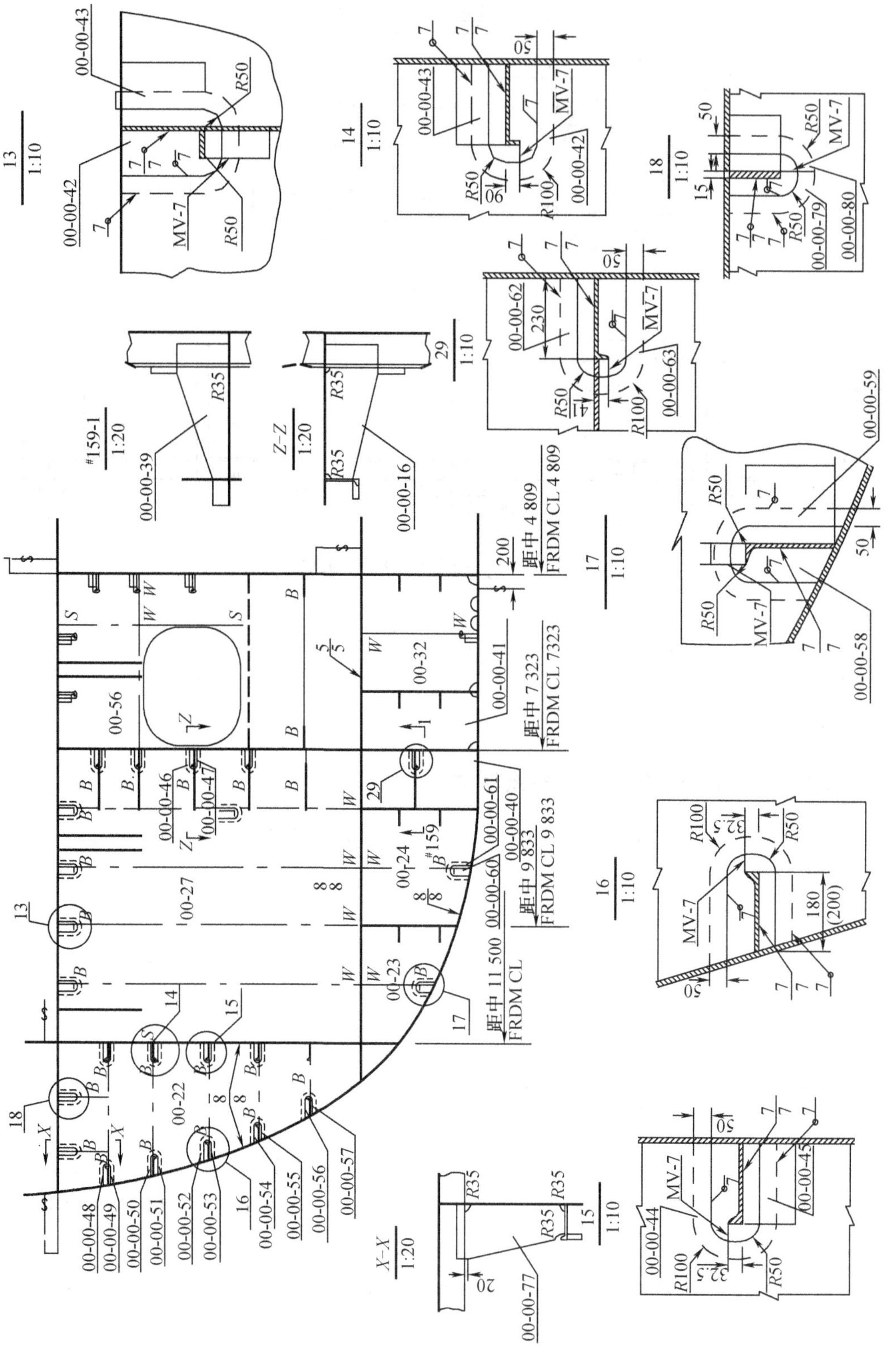

**图 4－11　节点详图及相关剖面**

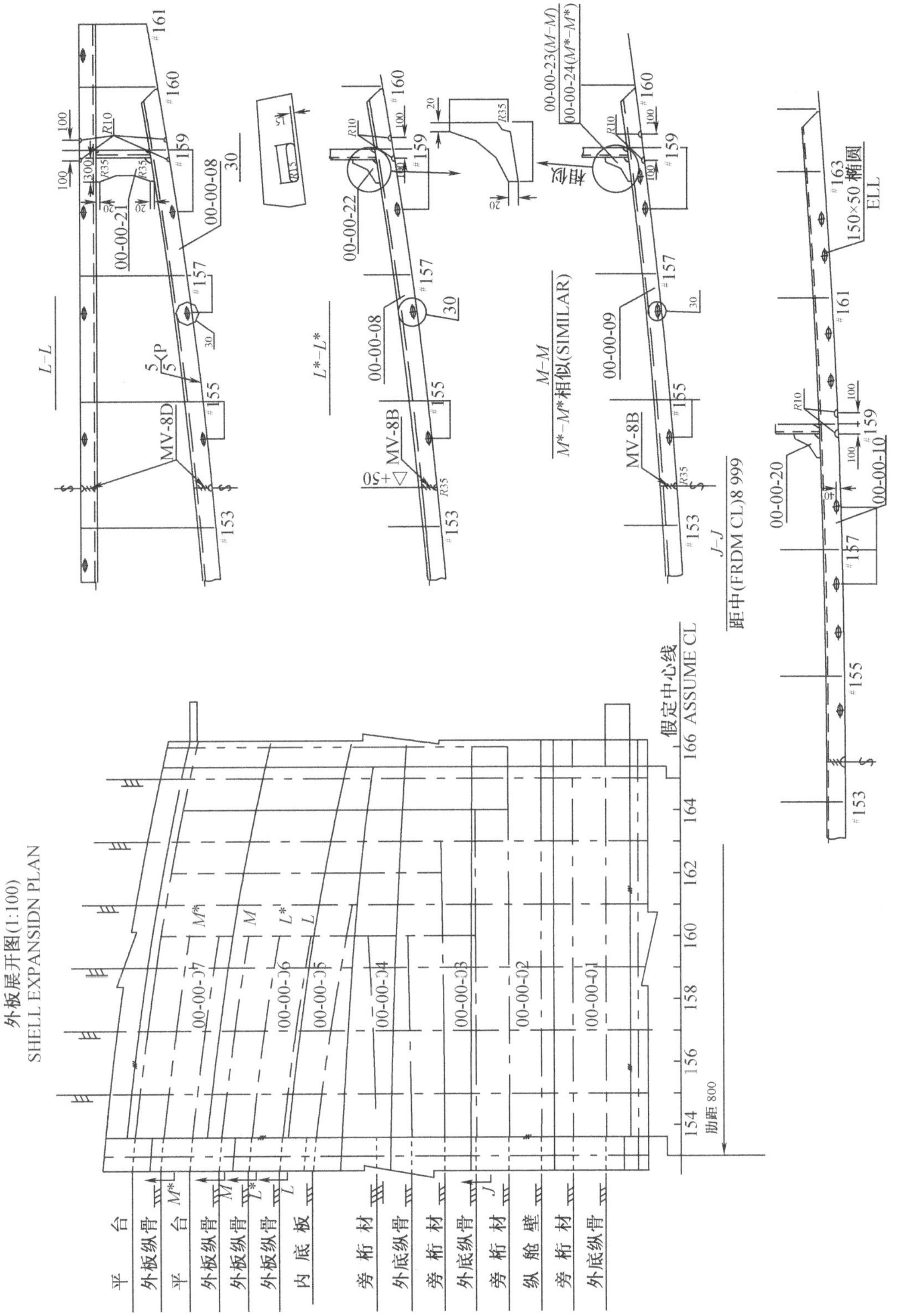


**图 4 - 12　采用不同比例的肋骨剖面及节点图**

### 4.3.3 布置视图的位置

由于采用计算机绘图，所以图面布置不必十分精确，绘图过程中可以随时调整。如果采用一张图纸布置，通常主视图布置在图纸的左上方或左下方，一般位置剖面图依次布置在主视图的下方或上方的相应位置（尽量按投影关系布置），肋位剖面图等布置在图纸中间；明细栏布置在标题栏上方，节点详图布置在其余空白的地方。

如果采用多张图纸布置，通常主视图布置在除了标题栏、技术说明以外的第一页图纸上，并在同一张图纸上布置相关的节点详图，其他各张图纸上依次布置各个剖面图以及相关的节点详图。图 4－13 为平台视图及相关纵剖面图的布置。

### 4.3.4 绘制视图

一般先绘主视图，再绘剖面图，最后绘制节点图。主视图和剖面图的外形尺寸由型线图或肋骨型线图中取得，而节点详图中涉及的有关形状，可根据剖面图近似绘出。设置线型、线宽和标注尺寸的方法与中横剖面图和基本结构图的方法相同。计算机绘图要充分利用图形编辑功能，下面看几个实际例子。

在图 4－14 的平台视图中，设置了“*O—O*”“*P—P*”剖面，目的是表达该剖面上的几个加强肘板。“*O—O*”“*P—P*”剖面距离#159 肋骨剖面很近，剖面形状与#159 肋骨剖面也非常接近，所以绘制“*O—O*”“*P—P*”剖面图可直接利用#159 肋骨剖面图。由于#159 肋骨剖面为水密舱壁，而“*O—O*”“*P—P*”剖面除了几个加强肘板外无其他横向构件，所以可使用 *COPY* 命令，选择#159 肋骨剖面图上的纵向构件复制，再加上需要表达的加强肘板，就完成了“*O—O*”“*P—P*”剖面图的绘制。

对有选择地复制的#159 肋骨剖面图上的图形进行删除和添加后，即绘出了“*O—O*”“*P—P*”剖面图。与“*O—O*”“*P—P*”剖面图相关的“23”“24”“25” 节点详图，可使用图形切断、复制、缩放等编辑命令，在剖面图上进行操作，再增加一些剖面图上没有的图形和进行部分尺寸标注，就完成了节点详图绘制。整个剖面图和相关节点详图如图 4－14 所示。

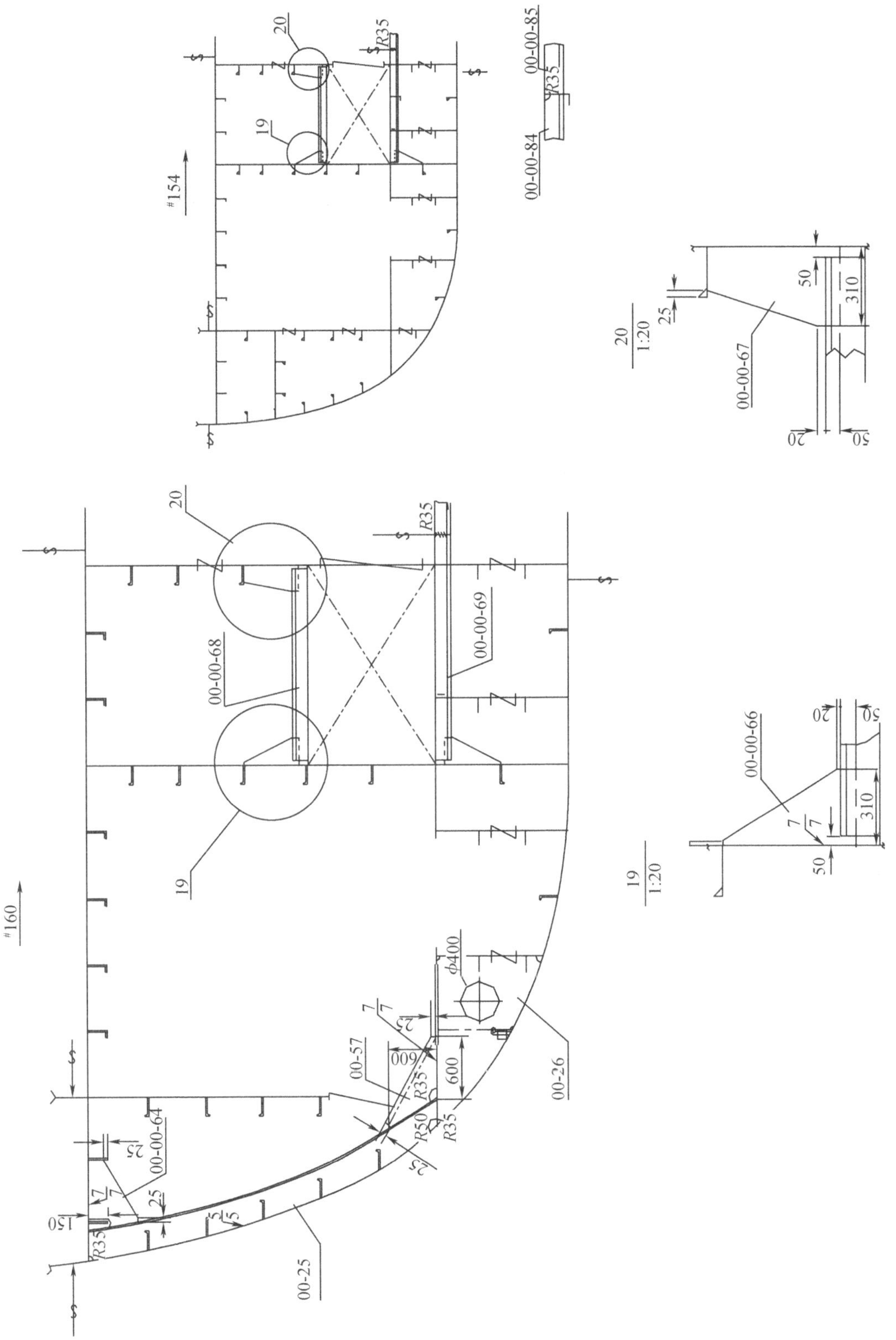


图 4－13　平台视图及相关纵剖面图的布置

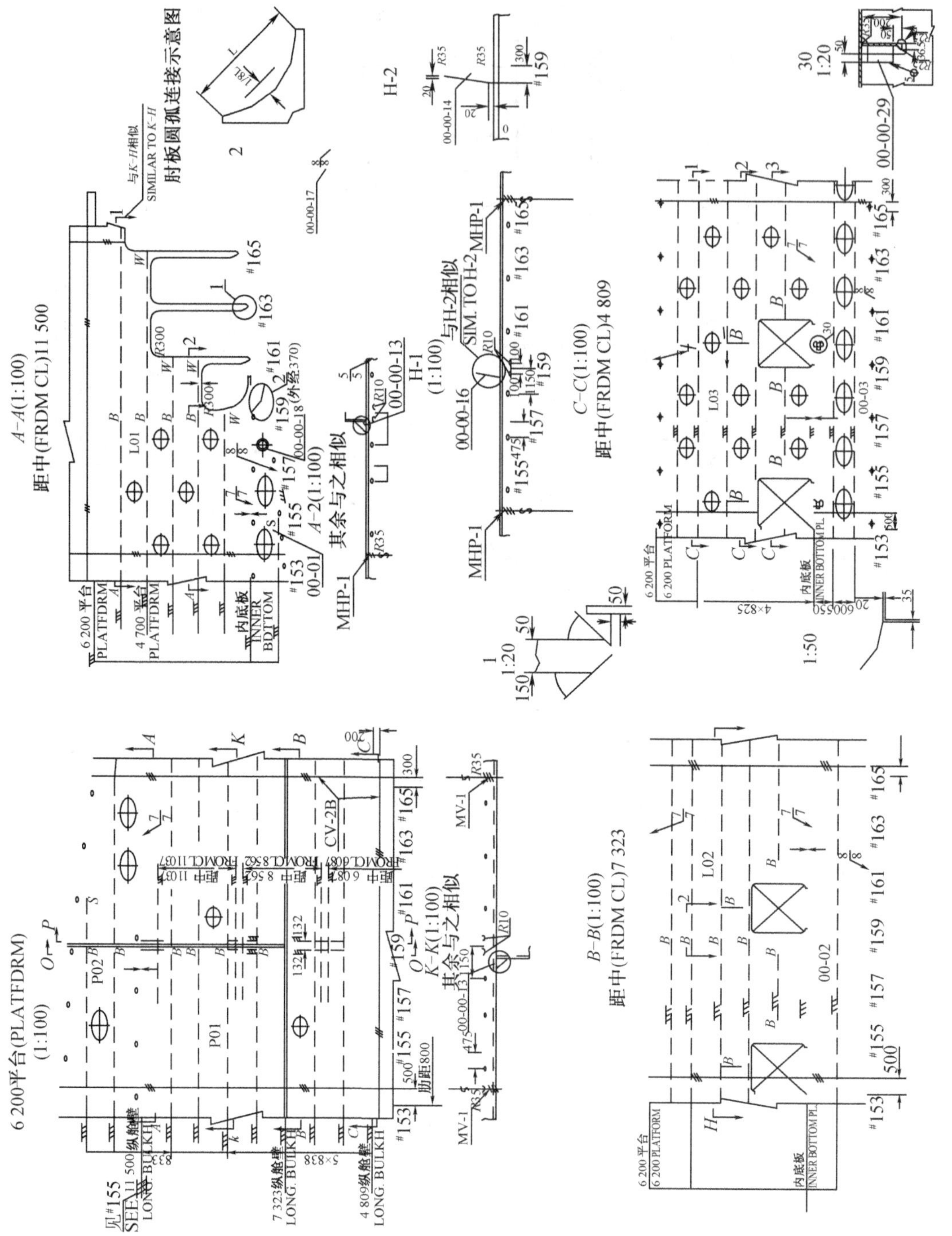


图 4－14　使用编辑命令绘制的剖面图和相关节点详图

## 4.3.5　标注件号、标注焊缝代号

件号的排列应齐整，件号、焊缝代号等的指引线应避免相交。可将被标注件号的图形对象创建成块，将标注的件号定义成属性。这样，不仅可以方便地对定义成属性的件号进

行编辑，还可以提取属性到文本文件中，或使之成为数据库中的记录项，供统计、查询等使用。

### 4.3.6　填写技术要求和标题栏

采用文字标注命令填写技术要求和标题栏。如果采用大张图纸集中绘制分段结构图，则明细栏和标题栏一般布置在图纸的右下方，技术要求布置在图纸的右上方，要求明细栏自下而上按件号顺序逐一填写，如构件较多或标题栏上方空位不多，可在标题栏左侧，以同样形式另辟一栏填写。如果采用分页绘制分段结构图则通常在第一、二页填写标题栏和技术要求，零件明细栏另外单独编制成册。

### 4.3.7　分段结构图绘制实例

现以某29 000 t船舶245分段结构图绘制为例，介绍分段结构图绘制。245分段为机舱甲板纵骨架式结构分段。该分段结构图使用A3幅面，将主视图、剖面图、节点详图、明细栏分页布置，再装订成册。

根据主尺度(1 740 mm×9 634 mm×3 200 mm)主视图的比例选用1:100，节点详图的比例选用1:10，1:5等。

分段结构图的线型有实线、虚线、点画线、双点画线，线宽有粗和细两种，生成名称为HIDDEN DASHED、CENTER、PHANTOM的图层，将实线、虚线、点画线、双点画线分别绘制在0和HIDDEN DASHED、CENTER、PHANTOM图层上，将粗和细两种线宽分别用红色和黑色绘制，这样便于图形编辑和图形输出。

1. 绘制甲板平面图及局部剖视图

此甲板上开口为矩形，角隅为圆弧，可使用矩形命令Rectang绘制，再使用图形编辑命令Fillet导出指定半径的圆弧。纵骨为等间距，可使用阵列命令Array绘制，在开口处使用Trim命令修剪。剖切位置符号和焊接符号使用尺寸标注中的引出线命令Qleader标注。绘制的甲板平面图及局部剖视图如图4－15所示。

2. 绘制纵剖面图

根据甲板平面图上标注的剖切位置和符号，绘制出如图4－16和图4－17所示的纵剖面图和纵向局部剖视图。

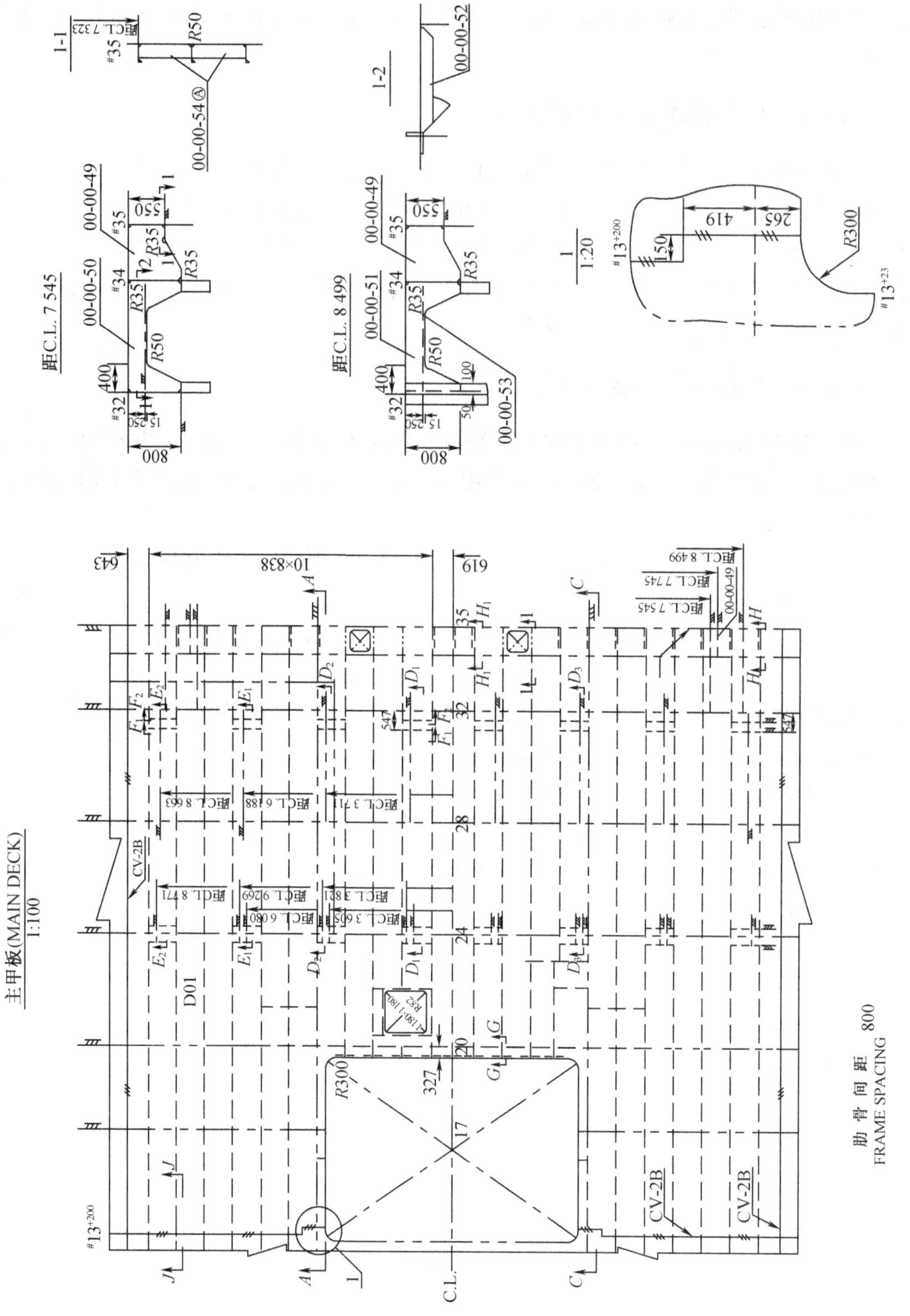


**图 4－15　甲板平面图及局部剖视图**

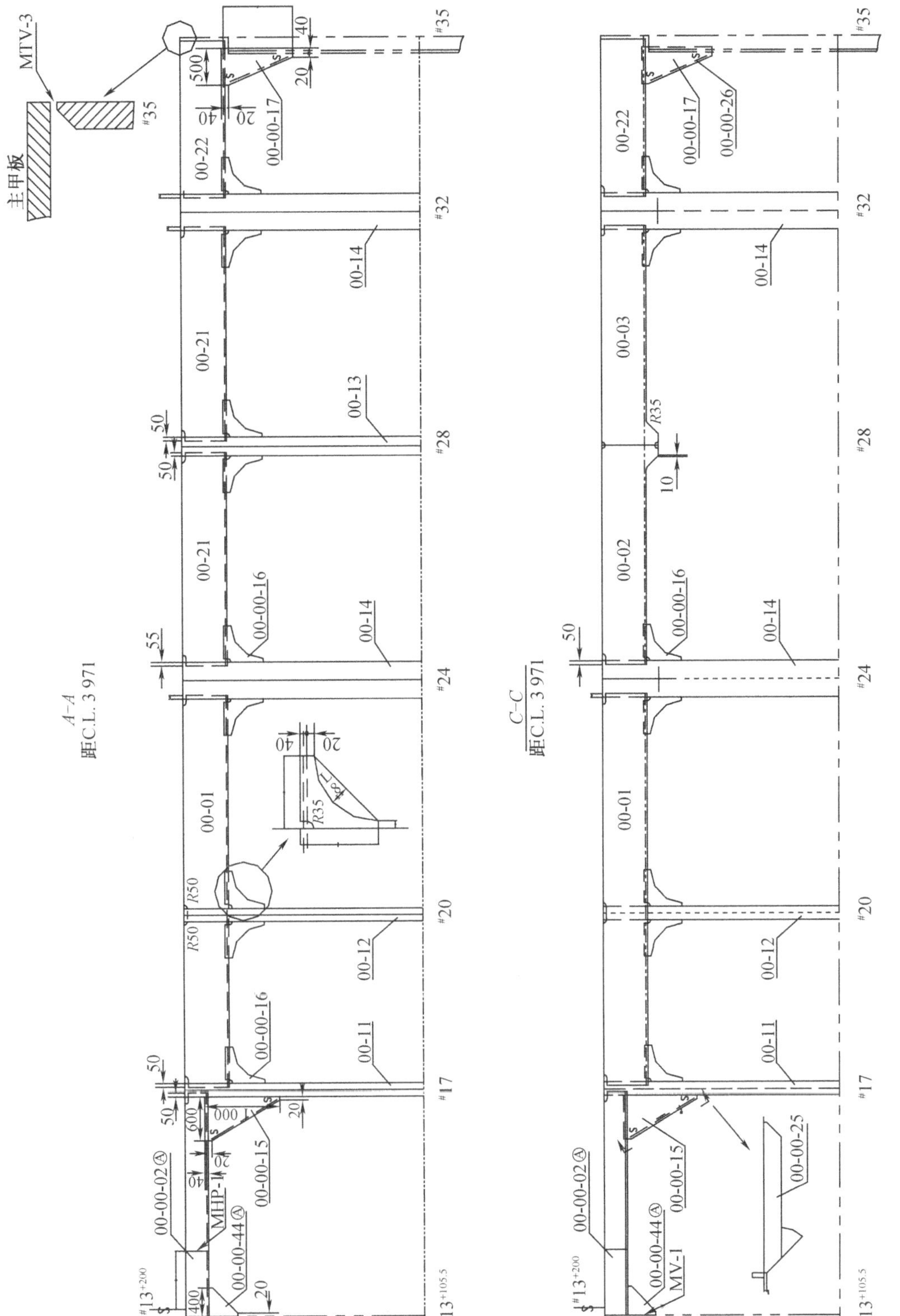
MTV-3
主甲板
#35
A–A
距C.L. 3 971
C–C
距C.L. 3 971
00-22
00-21
00-01
00-03
00-02
00-14
00-13
00-12
00-11
00-00-17
00-00-26
00-00-16
00-00-15
00-00-25
00-00-02Ⓐ
00-00-44Ⓐ
MHP-1
MV-1
#32
#28
#24
#20
#17
#13+200
#13+105.5
距 BL15550
距 BL12200

图 4 – 16　甲板纵剖面图

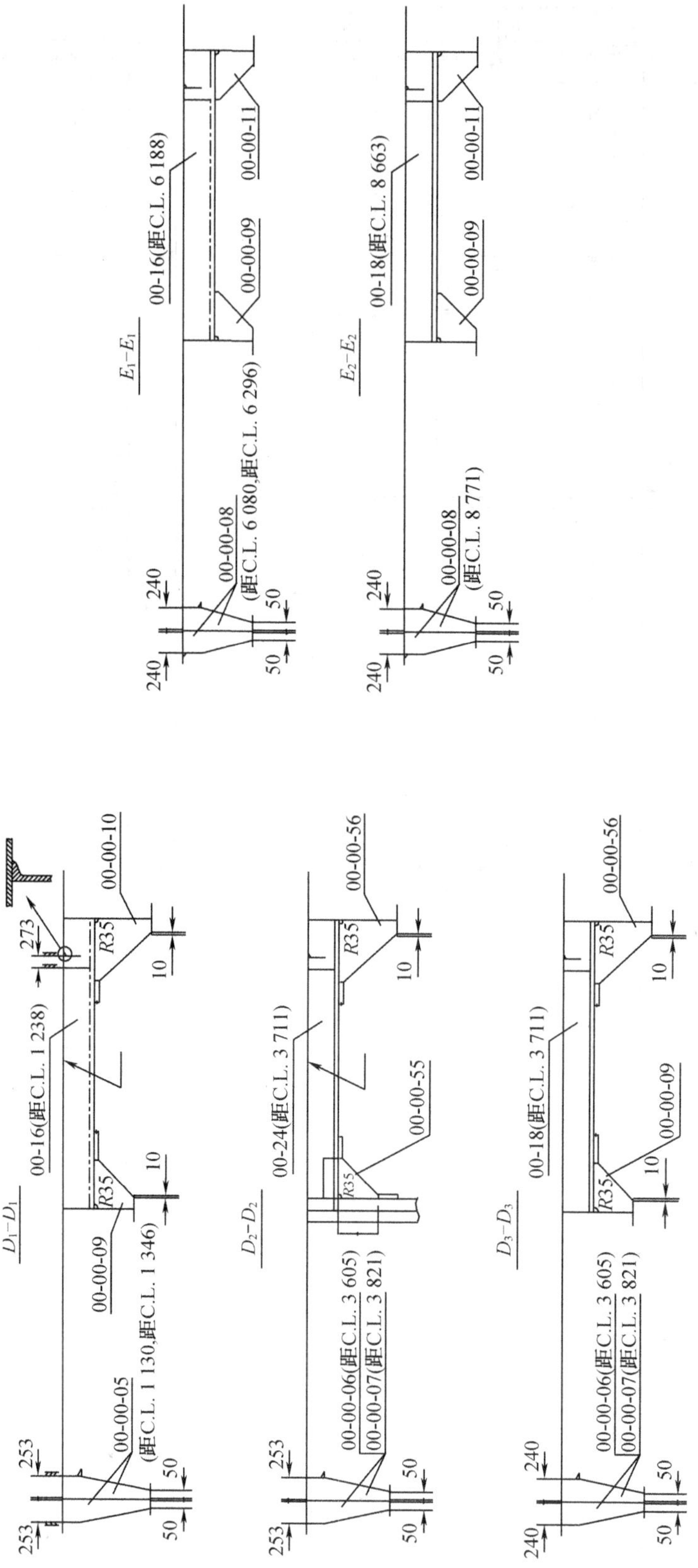


**图 4－17　甲板结纵向局部剖视图**

3. 绘制肋骨平面图

选择典型肋骨剖面，绘制出如图 4－18 和图 4－19 所示的肋骨剖面图。

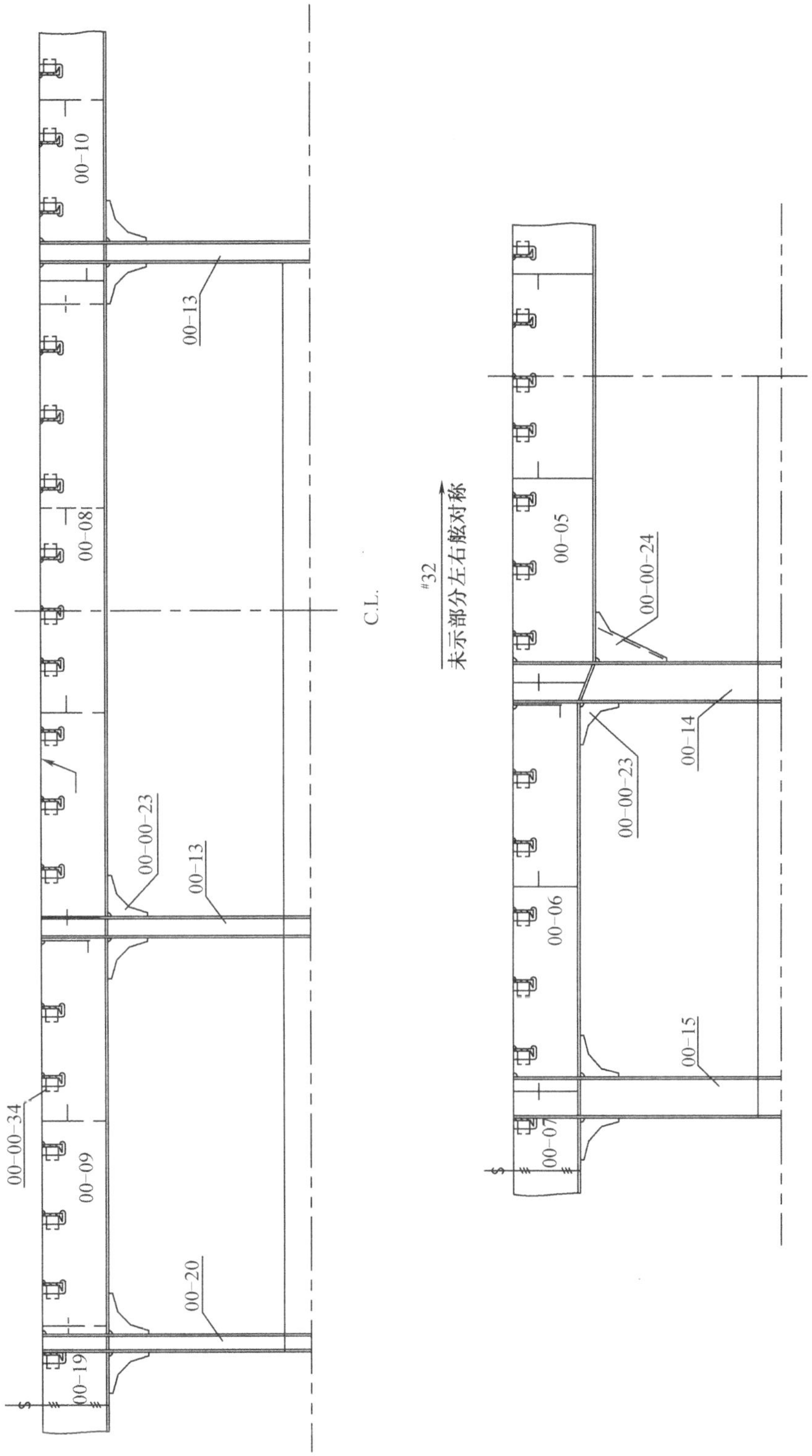


图 4－18　甲板分段肋骨剖面图

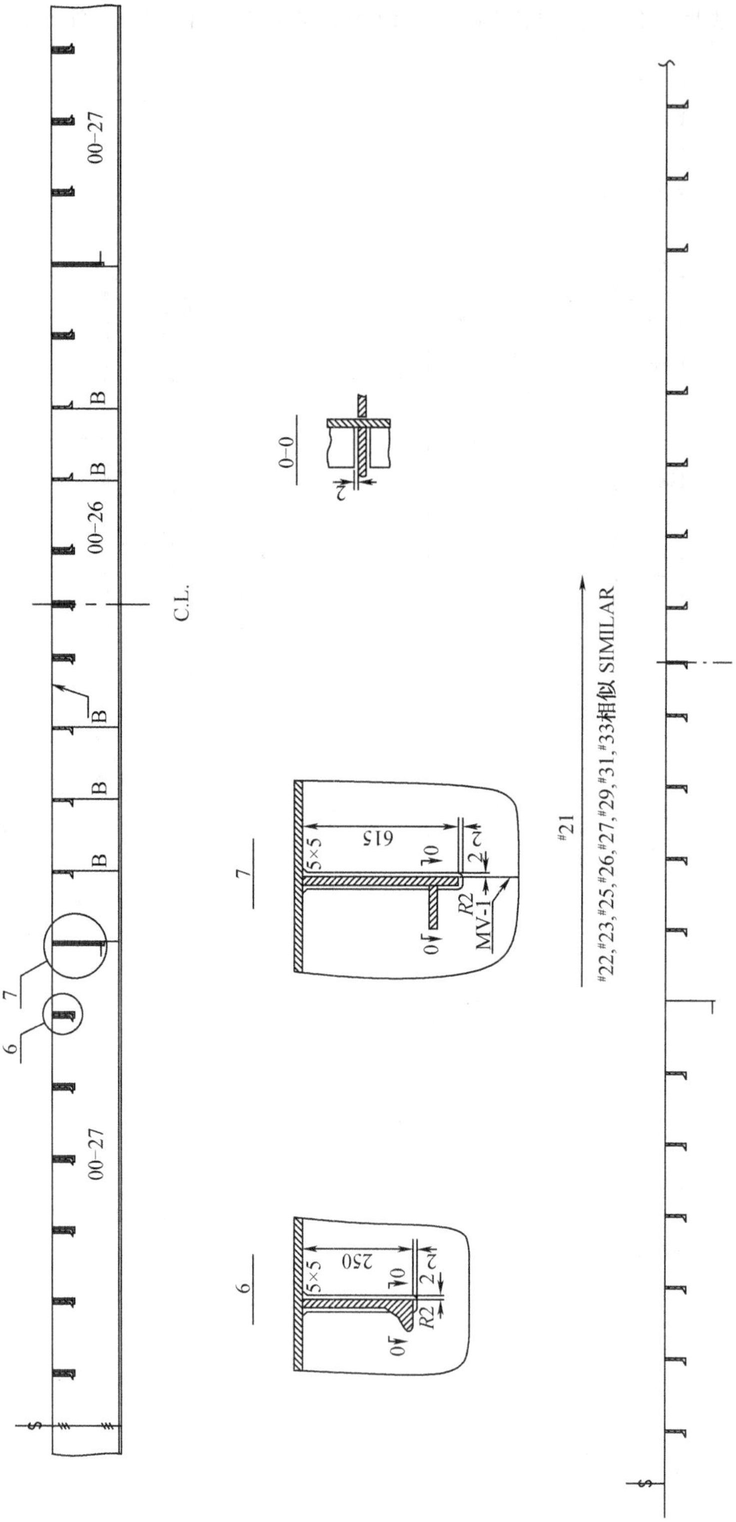


图 4－19　甲板分段肋骨剖面图

# 第5章　HD－SHM 船体建造系统概述

● 知识目标

1. 了解 HD－SHM 系统的模块内容、功能及安装；
2. 了解 HD－SHM 系统中船体坐标的规定，了解系统中基本信息文件及其含义；
3. 掌握 HD－SHM 系统中文件的新建、打开、保存。

● 能力目标

1. 培养 HD－SHM 系统船体建模坐标定位能力；
2. 培养 HD－SHM 系统船体建模文件识读能力。

● 素养目标

1. 介绍沪东软件开发，激发学生的爱国情怀和民族自豪感，激发学生科技报国的责任感和历史使命感；

2. 从计算机放样较手工放样的优势入手，引导学生形成创新意识、团队意识、大局意识，培养学生精益求精的工匠精神。

## 5.1　系统简介

### 5.1.1　国际常用船舶 CAM

世界造船业开发成功的造船计算机应用程序有很多种，其中国外较著名的造船集成系统有挪威的奥托控(AUTOKON)系统、西班牙赛纳(SENER)公司研制的(FORAN)系统、瑞典造船计算机中心(VDC)研制的(VIKING)系统、瑞典 KCS 公司的 TRIBON 系统、考库姆(KOCKUM)计算机系统公司研制的斯提贝尔(STEERBEAR HULL)系统、英国的 BRITISHIPS 系统、日本日立造船公司的 HICAS 系统、三菱重工的 SHIP 系统、美国 PTC 公司研制的 CADDS 系统等；目前我国应用比较广泛的系统有 HD－SHM、HICAS 和 TRIBON 系统等。

### 5.1.2　HD－SHM 船体建造系统简介

HD－SHM 是沪东中华造船集团计算机研究所结合本厂的生产实际研究开发的具有国内先进水平的船体建造集成系统软件。HD－SHM 船体建造系统包括线型三向光顺系统、结构系统、外板系统三大部分。HD－SHM 船体线型系统已涵盖线型三向光顺和与其他系统的接口等功能，完全可以在本系统的帮助下，抛开样台，在计算机上完成所有线型三向光顺等作业。因此,该系统堪称是国内最具竞争性的船体线型系统。该软件以优秀的品质和本土化的价格,赢得了国内多数船厂的青睐,目前,我国已经有几十家造船企事业单位引进并使用这套软件开展工作。

HD－SHM 软件经历了从"控制台操作"到"DOS 版"再到"Windows 版"的发展过程,伴随着版本的不断升级和更新,其已经可以取代手工放样,具有型线生成、型线三向交互光顺、结构线生成、板缝线生成、外板展开、样板样箱及胎架设计、结构零件生成、人机交互套料、生成数控切割零件以及材料的管理等功能。

该系统以 AutoCAD 作为图形平台。软件具有良好的用户界面,操作使用方便,而且具有与其他造船软件如 TRIBON 系统的接口。

### 5.1.3 对 HD－SHM 系统研究的意义

通过使用该系统,企业可以实现以下效益:

(1)缩短船体建造周期;

(2)提高了放样和加工精度,确保产品的质量;

(3)提高装焊效率 30% 以上;

(4)实现钢材定额科学管理,提高钢材利用率 5%;

(5)大幅度减少各类木质的样板,节约大量木材;

(6)取消 1:1 实尺地板样台放样;

(7)提高了工厂生产能力和市场竞争能力。

## 5.2 HD－SHM 船体建造系统工作思路

HD－SHM 船体建造系统有线型、结构和外板三大分系统,它们既彼此独立又相互联系,彼此影响。独立是指各个分系统的操作是独立分开的,可以独立完成某种工作;相互联系彼此影响是指它们之间要互通数据,彼此牵制。

HD－SHM 建造系统结构的主要构成如表 5－1 所示。

**表 5－1 HD－SHM 建造系统结构**

| | | |
|---|---|---|
| HD－SHM | 线型系统 | 线型光顺 |
| | | 型线后处理 |
| | | 肋骨型值 |
| | | 外板肋位文件 |
| | | 甲板抛势表 |
| | | 接口 |
| | | 肋骨型值 |
| | | 辅助工具 |

**表 5－1**(续)

<table>
<tr><td rowspan="13">HD－SHM</td><td rowspan="6">结构系统</td><td>结构线</td></tr>
<tr><td>零件生成</td></tr>
<tr><td>套料管理</td></tr>
<tr><td>生产用表</td></tr>
<tr><td>水尺展开</td></tr>
<tr><td>辅助工具</td></tr>
<tr><td rowspan="7">外板系统</td><td>外板展开图</td></tr>
<tr><td>板缝</td></tr>
<tr><td>外板与样板</td></tr>
<tr><td>肋骨线型图</td></tr>
<tr><td>艏艉柱板</td></tr>
<tr><td>样箱</td></tr>
<tr><td>胎架</td></tr>
</table>

正如前面所讲，它的三大系统不是各自完全独立的，而是既独立又相互联系的，所以在使用该软件的时候要清楚工作的思路和步骤。它的工作思路如图 5－1 所示。

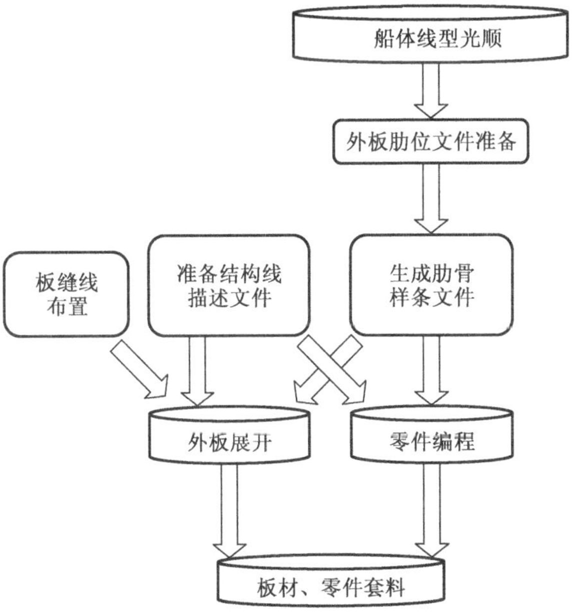


**图 5－1　软件操作思路图**

## 5.3 数据文件含义

船体型线光顺系统以半艘船为光顺对象，一般以 10 站或 5 站作为分舯，分前半艘、后半艘分别进行光顺。以 10 站或 5 站与基线的交点作为原点坐标，对后半艘船沿船长方向仍取 $x$ 正方向值，见图 5 - 2。

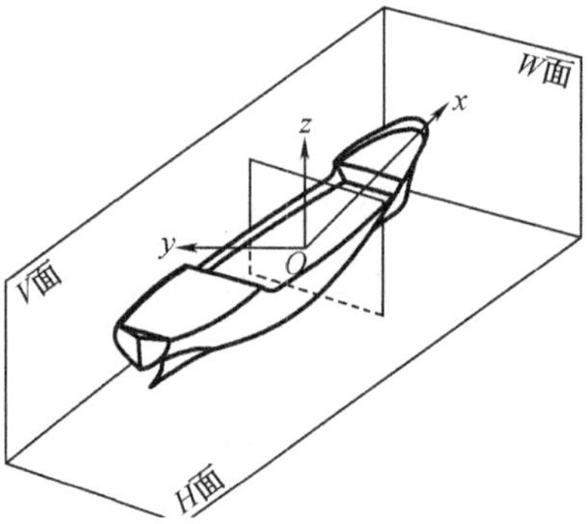


**图 5 - 2　船体位置坐标**

在光顺时，水线面以 $x$ 为船长离舯值，$y$ 为半宽值；纵剖面以 $x$ 为船长离舯值，$y$ 为高度值；横剖面以 $x$ 为高度值，$y$ 为半宽值。

在填写型值表时，无数据均填 1E30，在交互光顺操作系统中以“ - ”号显示，也可以输入“ - ”表示无数据。

在每个数据文件中，每个数据表项之间以“55555”作为分隔符。在完成光顺后，输出光顺型值表均和输入型值表形式相同。

所有输入表式数据均按列输入。

在交互光顺系统中，基本上已经不需要直接编辑和修改这些数据文件，而可以在交互光顺系统提供的界面中通过更加直观的方法输入和修改。但是在某些特殊情况下还需要直接编辑数据文件。例如，肋骨型值生成后就不允许重新定义肋骨线，此时如果发现肋骨线定义错误，就需要直接编辑有关数据文件，这样更加方便、快捷。所以应先掌握数据文件的基本操作。

### 5.3.1 船型基本信息文件

文件名：SBI * * * . DAT。 * * * 为三位字符的船名代码（以后所出现的 * * * 均为船名代码）。

本系统中建立的船名为前半艘 a01，a02，后半艘 b01，b02，其船型基本信息文件如图 5 - 3 所示。

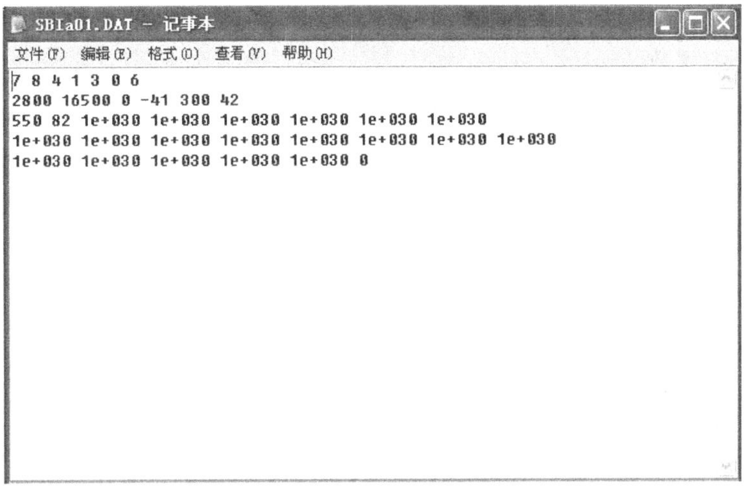


```
7 8 4 1 3 0 6
2800 16500 0 -41 300 42
550 82 1e+030 1e+030 1e+030 1e+030 1e+030 1e+030
1e+030 1e+030 1e+030 1e+030 1e+030 1e+030 1e+030 1e+030
1e+030 1e+030 1e+030 1e+030 1e+030 0
```

**图 5－3　船型基本信息文件**

文件由 35 个数组成一维数组，每一个数的具体含义如下：

1：N1 站线数；

2：N2 水线条数（包括底平线和底侧宽，此两条线高度均为 0）；

3：N3 纵剖线条数；

4：K0＋（KC－1）/100，甲板边线条数 K0 和甲板中心线条数 KC；

5：NK 空间线根数；

6：MPS 纵剖线和站线高度的多值表行数（此数的确定参见 SBD＊＊＊.DAT）；

7：ITYPE 船型信息：

| | |
|---|---|
| ITYPE＞0 | 前半艘 |
| ITYPE＜0 | 后半艘 |
| \|ITYPE\|＝1，3，5 | 球艏 |
| \|ITYPE\|＝2，4，6 | 方艉 |

8：WLO 设计水线高度；

9：BK 底部升高结束离舯距，若无底部升高则填 1E30；

10：NWM 水线和站线宽度的多值表行数（此数的确定参见 SWD＊＊＊.DAT）；

11：±NF 肋骨根数（负数表示底部尖角船型）；

12：FD0 起始肋骨离舯距；

13：FN0 起始肋骨肋号；

14：D1 肋距 1；

15：FN1 肋距 1 终止肋号；

16：D2 肋距 2；

17：FN2 肋距 2 终止肋号；

…………

32：D10 肋距 10；

33：FN10 肋距 10 终止肋号；

（14～33 共有 10 档肋距变化肋距可填，若无 10 档肋距变化，后面空缺补填 1E30）

34:TDE 肋骨(站线)和底平线相切结束处的离舯距;(若有底平升高则同 BK 值)

35:NSE 环缝根数。

**例 5-1** 已知 150 t 冷藏船的船型基本信息文件 SBIa01. DAT 如下,试说明每项数据的含义。

7 8 4 1 3 0 6

2800 16500 0 -41 300 42

550 82 1e +030 1e +030 1e +030 1e +030 1e +030 1e +030

1e +030 1e +030 1e +030 1e +030 1e +030 1e +030 1e +030 1e +030

1e +030 1e +030 1e +030 1e +030 1e +030 0

说明:该船有 7 个站线、8 条水线、4 条纵剖线、1 条甲板边线、1 条甲板中心线、3 条空间线。该文件为前半艘船型基本信息文件,方艉,设计水线高度为 2800,底部升高结束离舯距 16500,肋骨根数为 41(负数表示底部尖角船型),起始肋骨离舯距 300,起始肋骨肋号为 42,肋距为 550,终止肋号为 82,环缝根数为 0。1e +030 表示该数据项为空缺。

## 5.3.2 站线离舯、水线高、纵剖宽信息文件

文件名:SDL * * *. DAT,内容见图 5-4。

文件由三行数组成,每一行数的具体含义如下:

1:SS(N1)站线离舯距;

2:WW(N2)水线高度,最高水线高度必须填在最后;(0 水线有两根,第一根为斜底平线,第二根为基线)

3:BB(N3)纵剖线宽度,边平宽必须填在最后。

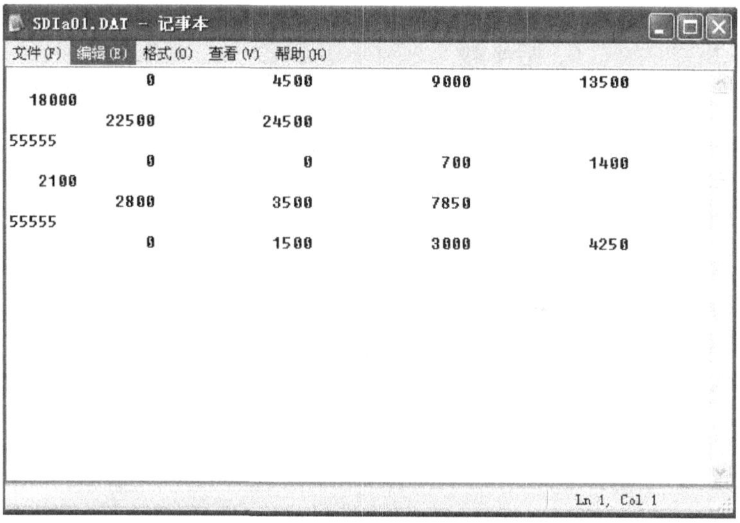


```
             0          4500          9000          13500
   18000
          22500         24500
55555
             0             0           700           1400
    2100
          2800          3500          7850
55555
             0          1500          3000           4250
```

**图 5-4 型线信息文件**

**例 5－2**　已知 150 t 冷藏船前半艘站线离舯、水线高、纵剖宽信息文件 SDIa01. DAT 如下,试说明每项数据的含义。

0　4500　9000　13500　18000　22500　24500

55555

0　0　700　1400　2100　2800　3500　7850

55555

0　1500　3000　4250

说明:该船有 0,4 500,9 000,13 500,18 000,22 500,24 500 站线,0,0,700,1 400,2 100,2 800,3 500,7 850 水线,0,1 500,3 000,4 250 纵剖线(4 250 为半宽)。

# 5.4　安装系统

## 5.4.1　系统安装要求

处理器:Intel Pentium 级芯片以上;

内存:32M 以上;

打印机:Windows 系统支持的打印机及绘图仪;

操作系统:Windows98;

图形平台:AutoCAD 2004 或 AutoCAD 2005。

## 5.4.2　安装步骤

将目标文件复制到安装目录,准备安装。

1. 单机安装步骤

第一步,在 Windows 中运行安装目录中的 HD－SHM 文件夹中的 HD-SHM SetupArx.exe 文件,见图 5－5。

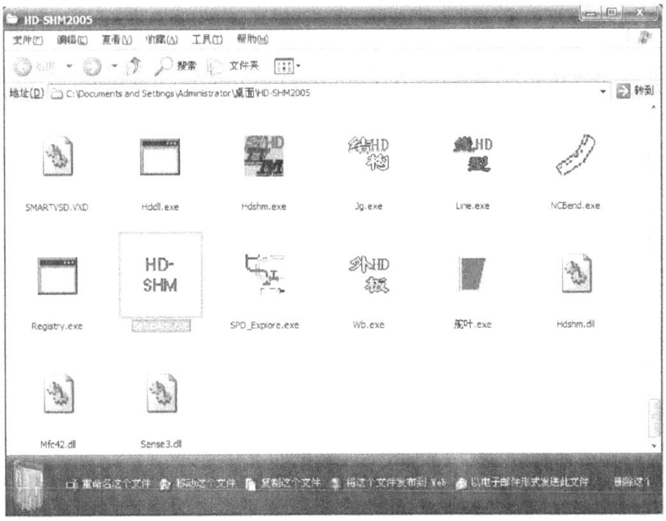


**图 5－5　安装图标示意**

安装程序将自动查找图形平台(AutoCAD 2005),并且提供安装信息,见图 5－6。

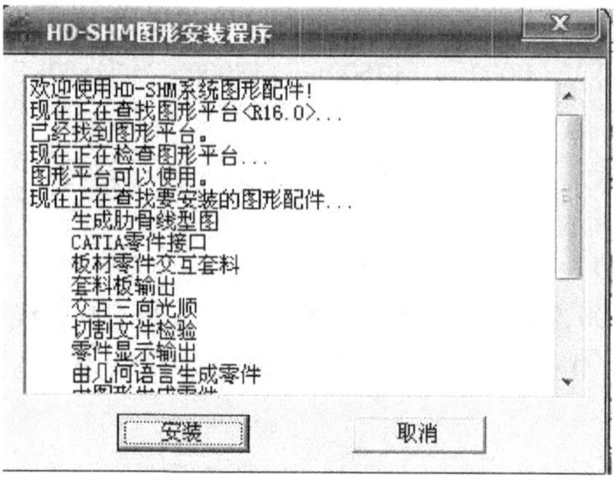


**图 5－6　安装程序**

第二步,单击安装按钮完成安装,见图 5－7。

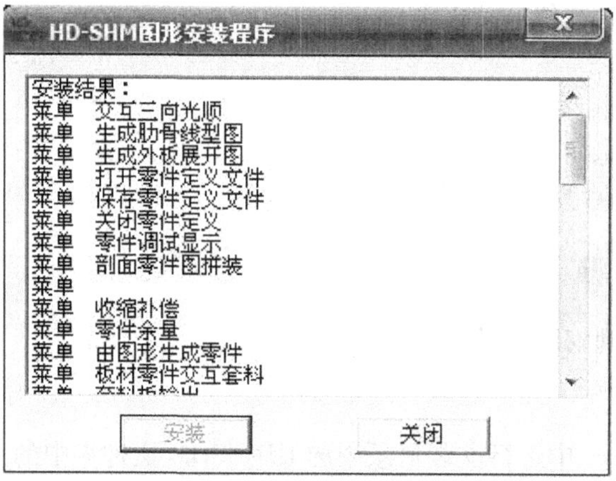


**图 5－7　安装结果**

第三步,安装完毕后在用户电脑桌面建立 HDSHM、线型系统、结构系统、外板系统四个快捷方式,同时在“开始”菜单中也建立了相应的快捷方式。

第四步,文件安装完毕后,在桌面上运行  ,出现如图 5－8 所示界面,可分别进入线型系统,结构系统和外板系统,见图 5－8。

**图 5－8　系统界面**

第五步,注册。

软件安装完毕后并不能马上使用,还必须注册,获得授权以后才可以使用。

单击“注册”按钮后,则出现如图 5 - 9 所示界面。

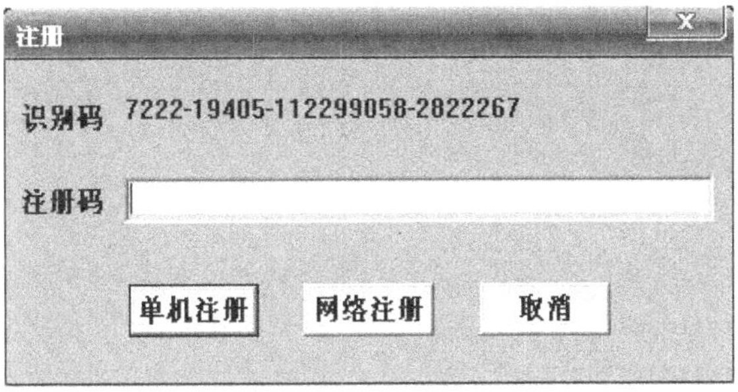


**图 5 - 9　注册界面**

这里可以获得识别码,用户将此识别码通过电子邮件、电话或传真等方式通知沪东中华造船集团的有关工作人员,经过确认后,他们将提供长达 31 位的注册码。

用户得到注册码后,只需在注册对话框中输入注册码,单击确定完成注册。

这样就完成了 HD - SHM 的安装工作,界面上的“注册”按钮也将消失。

2. 网络安装步骤

第一步,选一台客户机作为安装主机。

第二步,安装步骤和方法与单机安装相同,只是安装路径改为某一网络共享目录(作为 HDSHM 的系统目录)即可。

第三步,其他客户机的安装。运行 HD - SHM 系统目录里的 HD-SHM SetupArx.exe 文件,完成图形平台设置。在当前客户机建立 HD - SHM 系统目录里的 HDSHM. exe 文件的快捷方式,并运行该程序,进行注册。

第四步,注册。与单机注册方法相同。

## 5.5　系 统 运 行

系统运行有两种情况:新建文件;打开已有文件。下面针对这两种情况分别进行叙述。

### 5.5.1　新建文件

在运行系统之前,先选择一个盘符,新建一个文件夹,如 F:\yh15,这个文件夹是用来存储生成的文件的。这个工作目录的最后一个目录一般为船名,它不能是单个数字,也不能全部为字母,更不能为汉字,一般要保证其最后的 2 个字符为数字,这两个数字会成为系统产生文件的代码。这里为 15,否则在生成肋骨样条文件是将会有麻烦。点击 

图标,出现图 5 - 10 所示界面。

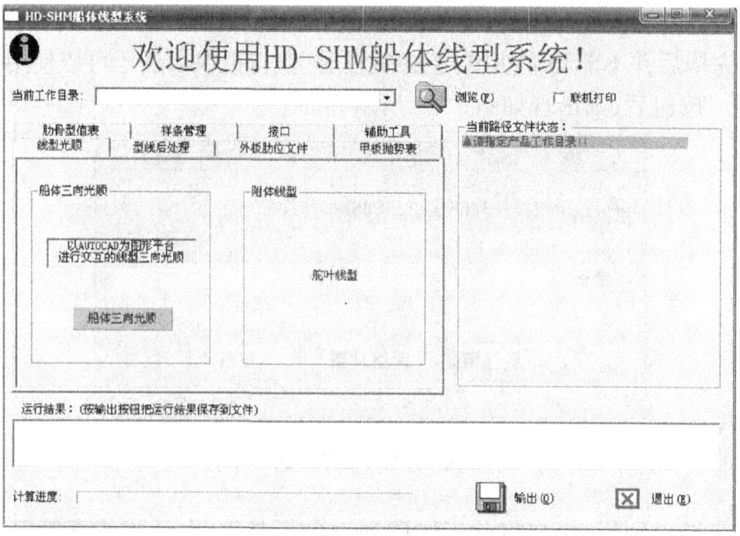


**图 5－10　线型系统界面**

在上面的当前工作目录中输入自己的工作目录(即前面建立的 F:\yh15)，也可以点后面的“浏览”寻找自己的工作目录，见图 5－11。

**图 5－11　当前工作目录界面**

图中有 8 个选择按钮，分别为肋骨型值表、样条转换，等等，这里我们一定要选择“型线光顺”这一按钮。

点击 船体三向光顺 进入图形操作平台界面。在使用本系统的图形处理程序时，会出现一个标题为“HuDong”的工具条和一个标题为“HDSHM”的下拉菜单。“HuDong”的工具条中各图标的含义可分别点击显示，见图 5－12。

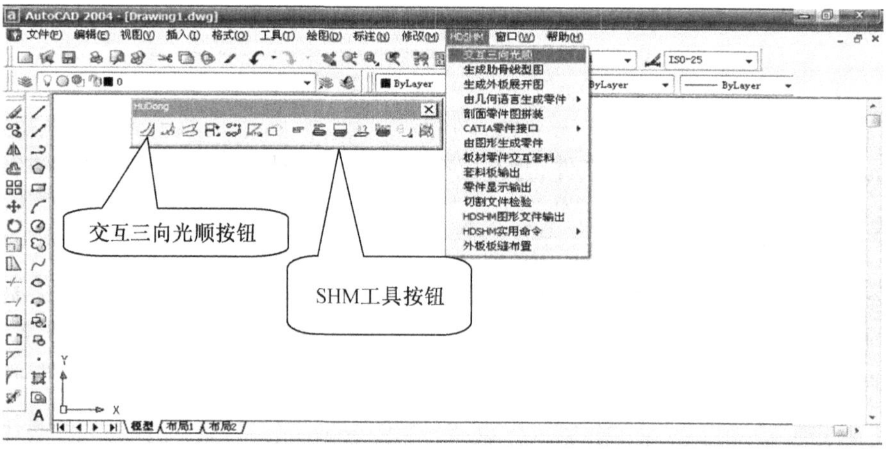


**图 5－12　“HuDong”菜单**

将“HuDong”工具条拖到合适的位置后就可以分别从菜单或工具条中直接启动本系统的各个图形处理程序，见图 5－13。

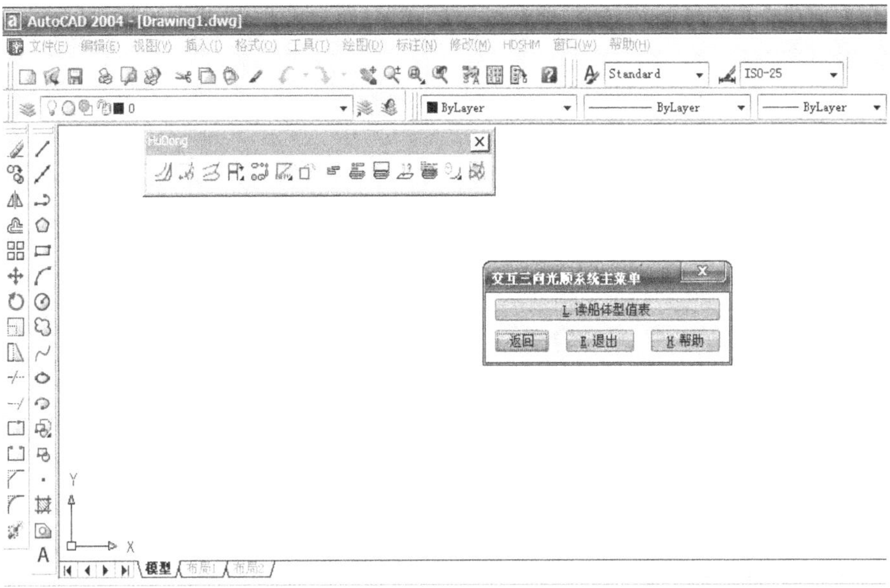


**图 5－13　线型光顺系统主菜单**

点击交互三向光顺系统主菜单中的“L. 读船体型值表”，出现如图 5－14 所示界面。

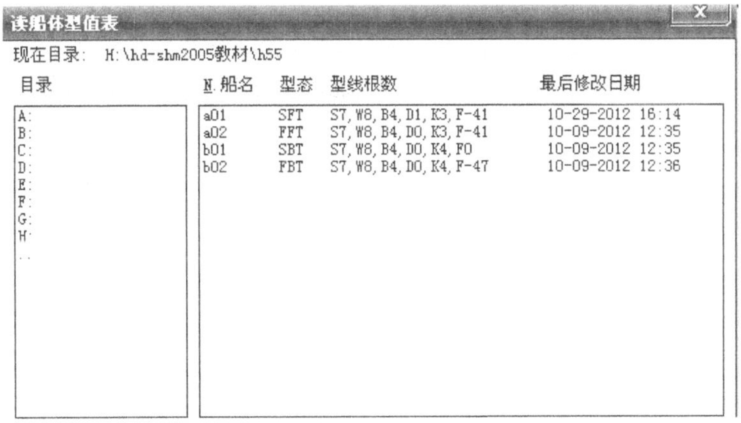


**图 5－14　读船体型值表界面**

在此对话框中，通过双击“目录”中的“F:”盘符，将“现在目录”改为前面建立的目录 F:\yh15，在左边的目录栏中找到自己文件夹的位置（F:\yh15），在“S. 船名”栏中填写三个字符的船名，如输入新建船名 a01，选中“F. 新文件”选项，点击“接受”进入下一步操作。界面如图 5－15 所示。

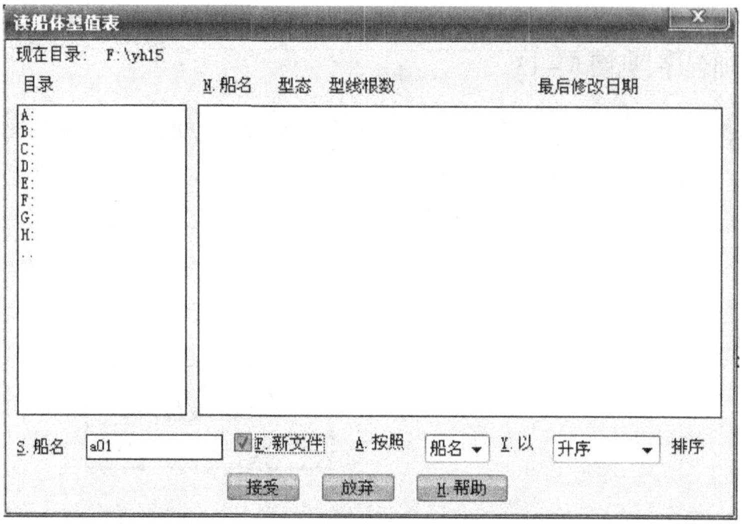


**图 5－15 读新建船体界面**

这里建立的船名的图形其实只是半艘船舶的图形，本系统是将船体分为前后半艘两部分，默认是先建立的为前半艘。

点“接受”后出现如下对话框，见图 5－16。

系统问“要删除现在图中所有的图形吗?”点确定则将界面中其他的图形删除，点否定则是不删除其他图形。一般我们都是点确定进入“交互三向光顺主菜单”。

在“交互三向光顺主菜单”上点击“M 交互三向光顺”进入“交互三向光顺”菜单，见图 5－17。

进入“L. 定义编辑型线”子菜单，就可以进行船体型线图的绘制工作了。

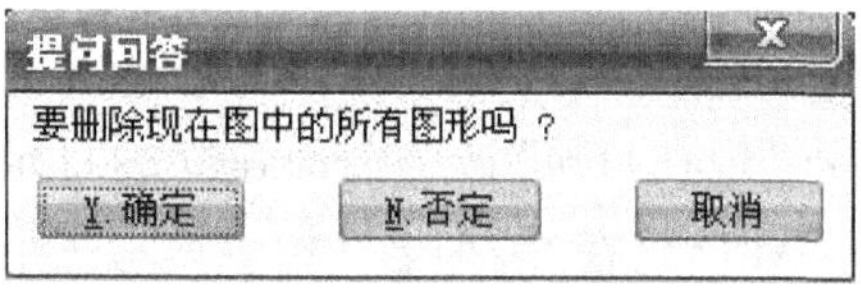


**图 5－16 新建文件接受后界面**

**图 5－17 交互三向光顺主菜单**

## 5.5.2　打开已有文件

双击图标，进入图形操作平台 Autocad 界面，点击“HuDong”工具条最左端的交互三向光顺“”图标，在出现的交互三向光顺系统主菜单中点击“L 读船体型值表”，选读船体型值表后，系统进入选择船体型值表船名的对话框，出现如图 5－18 所示界面。

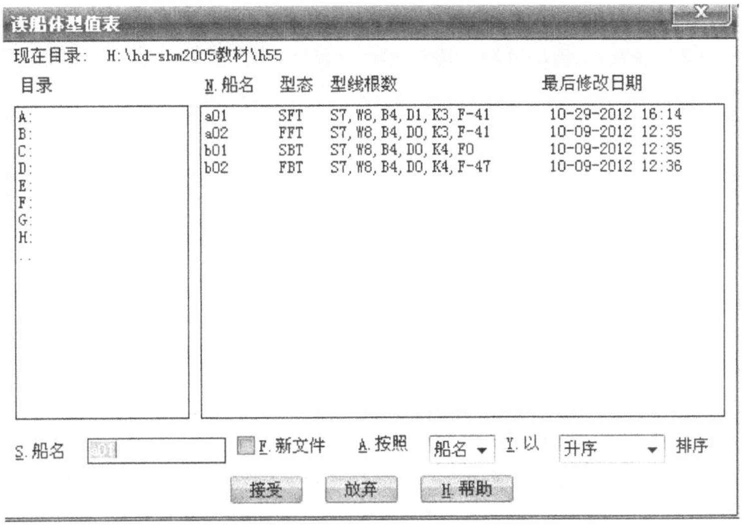


**图 5－18　读已有船体文件界面**

此对话框默认为上次操作时保存的目录，可在里面选择你需要打开的船名，如果需要打开的船名不在此目录下，修改现在目录（方法同新建文件中修改目录方法），具体操作为先在目录框中双击文件所在的驱动器名的对话框，然后顺序双击所在目录名，到达所在目录后，该目录下的所有船名、型值表的状态和信息以及最后修改日期就会显示在船名框中，从中点击所在的船名。点击“接受”进入型线编辑系统，选择“放弃”按钮可取消读型值表操作，回到主菜单，见图 5－19。

如果已经读入了一个船名并且已经修改了型值表，若再进入读型值表菜单，则在选好了船名或输入了新船名后，系统出现如图 5－20 所示的出错提问对话框。

此时回答“Y. 确定”则废除对前面已经读入船的所有修改，开始读入新船的型值表；若回答“N. 否定”则取消读型值表操作，回到主菜单，以便继续修改正在处理的船或将正在处理的船存盘后再进入菜单。

船名框中，型值表的形态由三个字母组成。第一个字母表示肋骨型值表的有无，“S”为无，“F”为有；第二个字母表示船的前后方向，“F”为前半艘，“B”为后半艘；第三个字母表示船的类型，“T”为有艉封板，“N”为一般船型。型值表信息显示各类型线的根数，字母为型线类型，跟在后面的数字为该型线的根数，各字母的意义：“S”为站线，“W”为水线，“B”为纵剖线，“D”为甲板线，“K”为空间线，“F”为肋骨线。

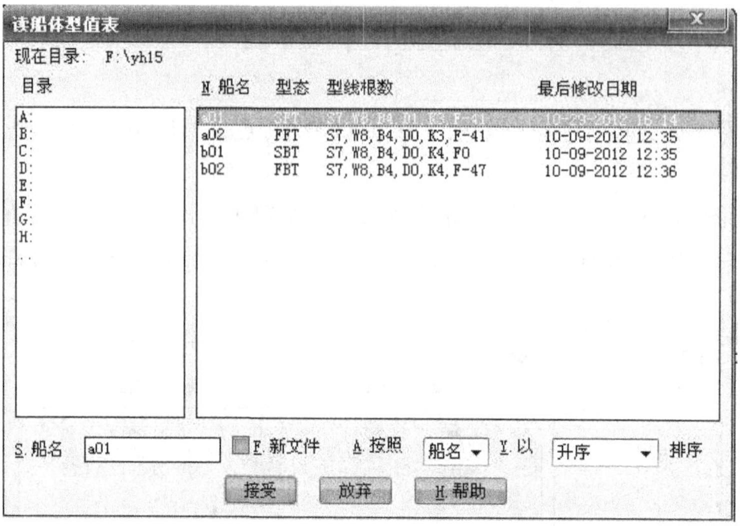


图 5－19　选择船体型值表界面

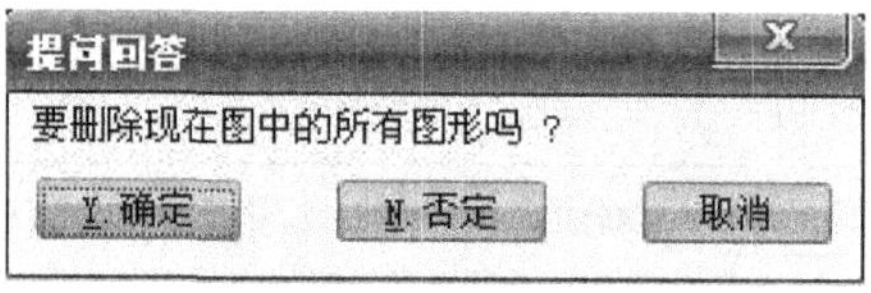


图 5－20　出错提问对话框

### 5.5.3　文件保存

船体型线系统的保存与其他文件的保存不一样，不能选择 AutoCAD 界面的保存或另存为，否则下次打开时不能再对其进行继续操作，本系统在保存船体型线时，要在交互三向光顺系统主菜单中选择“S. 存船体型值表”，系统会返回打开文件时的界面，新建文件直接点接受，修改后的文件选中相应的船名，点接受即可。

本系统图形处理程序也可以从本系统的各个子系统中间接启动。一般地，直接启动后都会进入选择工作目录或工作文件等数据的操作，然后才进入对具体文件或数据的操作；而间接启动则由启动子系统将工作目录或工作文件等数据传递过来，立即进入对具体文件或数据的操作。

# 第6章 HD－SHM线型系统应用实例

## ● 知识目标

1. 了解HD－SHM系统的启动；

2. 掌握HD－SHM系统所需船体数据，包括船体基本信息、格子线（水线、站线、纵剖线）、艏艉轮廓线等数据。

## ● 能力目标

培养HD－SHM系统船体建模数据处理能力。

## ● 素养目标

1. 通过船体建模数据处理，培养学生数据诚信、数据建模意识；

2. 从船体软件建模的优势入手，引导学生发现问题、解决问题，培养解决工程问题的能力。

## 6.1 线型系统简介

HD－SHM船体线型系统是HD－SHM系统的一个分系统。HD－SHM船体线型系统包括线型三向光顺、TRIBON接口、生成型值表、样条转换、拼接全船型线、外板肋位文件生成及甲板抛势表生成。

本章叙述船线型板系统的操作和使用，除特别说明外，做以下约定：

（1）系统输入输出文件中的尺寸数据以毫米为单位。

（2）文件名中??是与建立的船舶名称最后两个字符相同的船号编码。

（3）船长坐标是指到0号肋骨的距离，正肋骨方向为正，负肋骨方向为负。

### 6.1.1 系统的启动

船体线型系统的启动方式常用的有两种：

方法一：从HD－SHM系统启动，见图6－1。

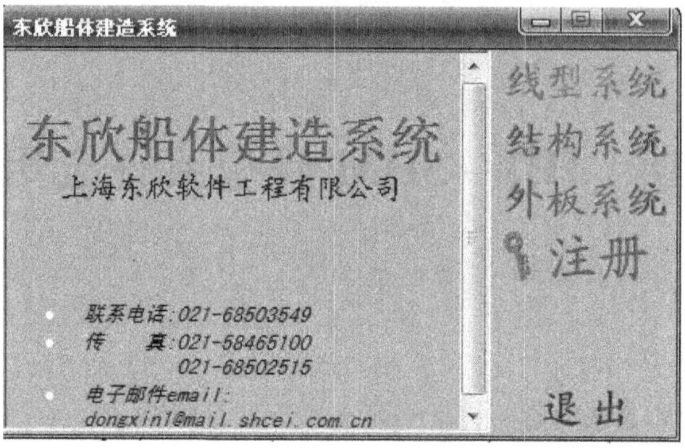


**图 6－1　系统启动界面**

用鼠标点击“线型系统”,即启动了船体线型系统。

方法二:从桌面上用鼠标点击线型系统的图标即启动了船体线型系统。

## 6.1.2　系统界面

船体线型系统启动后,出现如图 6－2 所示系统窗口。

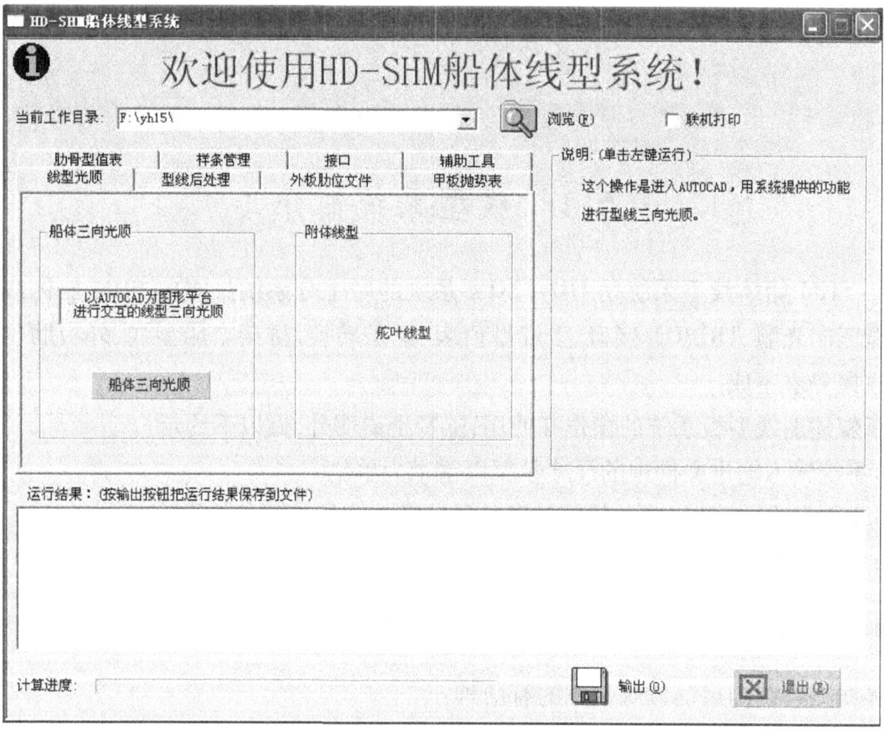


**图 6－2　线型系统界面**

在“当前工作目录”下拉框中显示用户存放产品数据的当前工作目录的路径。用户通过点击下拉按钮,可从下拉列表中选择近期使用过的工作目录作为当前工作目录。如果下拉列表中没有需要的工作目录，则可通过点击“浏览”图标，打开目录树，从目录树中选择一文件夹作为当前工作目录。系统会保存用户所做的选择，启动线型系统就自动选择上一次的工作目录作为当前工作目录。

线型系统功能属性表由 8 个功能属性页组成。它们是：线型光顺、型线后处理、外板肋位文件、甲板抛势表、肋骨型值表、样条管理、接口、辅助工具。

用鼠标点击功能属性页的标签，即可弹出该功能属性页。功能属性页上有编辑框、单选框、复选框、下拉框和按钮等各种控件。用 Tab 键可在各控件间切换。按钮有两种颜色，当按钮文字为蓝色时表示该按钮功能可以使用；当按钮文字为灰色时表示缺少必要的文件或授权，该按钮功能不可以使用。

在功能属性页的右侧是功能状态显示区。选中一功能属性页，就在功能状态显示区显示对于该功能属性页当前路径文件状态，哪些文件找到了，哪些文件还没有。把鼠标移到功能属性页的按钮上，功能状态显示区就显示该按钮的简要功能说明、需要哪些文件作为输入、有哪些文件作为输出。

如果选中联机打印选择框，表示在执行功能属性页上的按钮功能时，联机打印输出生成的图、表、文件。选中联机打印，系统会弹出一个打印配置对话框，用户在此选择打印机。

运行结果显示区显示按钮的执行状态。按下方的输出按钮，可把运行结果显示区的内容保存到用户指定的文件中。系统会弹出一个输出文件对话框，用户在此对话框中指定输出文件的路径和文件名。

### 6.1.3　系统的退出

按退出按钮 退出 或系统窗口右上角的 X 按钮即退出 HD－SHM 船体线型系统。

## 6.2　150 t 冷藏船信息文件准备

船体型线交互三向光顺系统是整个船体型线系统的基础和核心，以 150 t 冷藏船为例，详细讲述船体型线交互三向光顺。

文件准备：主尺度、型值表、三视图尺寸、肋骨数据。

150 t 冷藏船的基本信息如下：

(1) 主尺度

总长：$L_{oa}=49.9$ m　　设计水线长：$L_{WL}=29.50$ m

垂线间长：$L_{pp}=45$ m　　型宽：$B=8.5$ m

型深：$D=4$ m　　设计吃水：$T=2.8$ m

型排水量：$\Delta=203.86$ t　　方形系数：$C_b=0.525$

棱形系数：$C_p=0.597$　　舯剖面系数：$C_m=0.880$

水线面系数：$C_{wp}=0.780$　　浮心纵向坐标：$X_b=-0.96$ m

设计航速：11 kn　　梁拱高：$h=0.17$ m

(2)该船底部为水平式龙骨线，艏部为前倾型艏，艉部为方艉形式，艉柱带有底骨，舵杆中心线与 0 号站线相距 250 mm，除中纵剖线外，其他纵剖线在艏艉处线型变化较大，在船中处逐渐与龙骨线接近或重合。从艉部型线可知，方艉结构由两块艉封板组成，两艉封板相交一定的角度，会在相关尺寸图中给出。全船划分为 10 个理论站，全船肋骨间距为 550 mm，分布为－5 至 82，0 号肋位在 0 号理论站后 250 mm，－5 至 41 号肋位分布于后半艘，41 号肋位距船中 250 mm，42 至 82 号肋位分布于前半艘，42 号肋位距船中 300 mm，艉封板斜率 0.2。

(3)型值表信息见表 6－1、表 6－2。

(4)前半艘水线圆弧半径见表 6－3。

(5)后半艘水线圆弧半径见表 6－4。

(6)艏部型线图见图 6－3(a)和图 6－3(b)，艉部横剖线图见图 6－4。

**表 6－1　前半艘型值表**

| 站号 | 宽度值 | | | | | | | | | | 高度值 | | | | | | |
|---|---|---|---|---|---|---|---|---|---|---|---|---|---|---|---|---|---|
| | 700 水线 | 1 400 水线 | 2 100 水线 | 2 800 水线 | 3 500 水线 | 上甲板边线 | 艉楼甲板边线 | 艏楼甲板边线 | 外板顶线 | 舷墙顶线 | 1 500 纵剖线 | 3 000 纵剖线 | 上甲板边线 | 艉楼甲板边线 | 艏楼甲板边线 | 外板顶线 | 舷墙顶线 |
| 5 | 3 770 | 4 110 | 4 250 | 4 250 | 4 250 | 4 250 | — | | — | 4 250 | 80 | 200 | 4 000 | — | — | — | 4 900 |
| 6 | 2 930 | 3 500 | 3 810 | 4 000 | 4 120 | 4 190 | — | | — | 4 250 | 80 | 790 | 4 020 | — | — | — | 4 920 |
| 7 | 1 960 | 2 580 | 3 020 | 3 340 | 3 580 | 3 800 | — | | — | 4 090 | 370 | 2 050 | 4 170 | — | — | — | 5 070 |
| 8 | 1 020 | 1 530 | 1 950 | 2 340 | 2 660 | 3 150 | — | | — | 3 600 | 1 370 | 4 190 | 4 440 | — | — | — | 5 350 |
| 9 | 320 | 560 | 810 | 1 090 | 1 460 | 2 110 | — | 3 200 | — | 3 330 | 3 580 | 6 360 | 4 790 | — | 6 690 | — | 6 940 |
| 10 | — | — | — | 0 | 280 | 810 | — | 1 740 | — | 1 960 | 6 630 | — | 5 240 | — | 7 140 | — | 7 560 |

**表 6－2　后半艘型值表**

| 站号 | 宽度值 | | | | | | | | | | 高度值 | | | | | | |
|---|---|---|---|---|---|---|---|---|---|---|---|---|---|---|---|---|---|
| | 700 水线 | 1 400 水线 | 2 100 水线 | 2 800 水线 | 3 500 水线 | 上甲板边线 | 艉楼甲板边线 | 艏楼甲板边线 | 外板顶线 | 弦墙顶线 | 1 500 纵剖线 | 3 000 纵剖线 | 上甲板边线 | 艉楼甲板边线 | 艏楼甲板边线 | 外板顶线 | 弦墙顶线 |
| 5 | 3 770 | 4 100 | 4 250 | 4 250 | 4 250 | 4 250 | — | — | — | 4 250 | 80 | 2 00 | 4 000 | — | — | — | 4 900 |
| 4 | 4 100 | 4 200 | 4 250 | 4 250 | 4 250 | 4 250 | — | — | — | 4 250 | 80 | 1 80 | 4 000 | — | — | — | 4 900 |
| 3 | 3 520 | 3 940 | 4 100 | 4 170 | 4 220 | 4 250 | — | — | — | 4 250 | 80 | 3 00 | 4 000 | — | — | — | 5 398 |
| 2 | 2 150 | 2 720 | 3 150 | 3 550 | 3 920 | 4 150 | 4 250 | — | 4 250 | — | 250 | 1 850 | 4 000 | 6 100 | — | 6 175 | |
| 1 | 560 | 860 | 1 410 | 2 400 | 3 300 | 3 810 | 4 200 | — | 4 200 | — | 2 150 | 3 250 | 4 050 | 6 150 | — | 6 225 | |
| 0 | — | — | — | 850 | 2 080 | 2 850 | 3 620 | — | 3 620 | — | 3 180 | 4 390 | 4 100 | 6 200 | — | 6 275 | |
| 艉顶板 | — | — | — | — | 1 390 | 2 280 | 3 080 | — | 3 080 | — | 3 600 | 6 100 | 4 170 | 6 270 | — | 6 345 | |

**表 6－3　前半艘水线圆弧半径**

| 水线 | 700 水线 | 1 400 水线 | 2 100 水线 | 2 800 水线 | 3 500 水线 |
|---|---|---|---|---|---|
| 圆弧半径 | 90 | 130 | 170 | 210 | 250 |

**表 6－4　后半艘水线圆弧半径**

| 水线 | 700 水线 | 1 400 水线 | 2 100 水线 | 2 800 水线 | 3 500 水线 |
|---|---|---|---|---|---|
| 圆弧半径 | 120 | 160 | 200 | 400 | — |

2 800 水线的距舯值为 24 065.85，水线圆头的距舯值为 24 065.85－400＝23 665.85；
2 100 水线的距舯值为 21 410.14，水线圆头的距舯值为 21 410.14－200＝21 210.14；
1 400 水线的距舯值为 21 126.35，水线圆头的距舯值为 21 126.35－160＝20 966.35；
700 水线的距舯值为 21 100，水线圆头的距舯值为 21 100－120＝20 980。

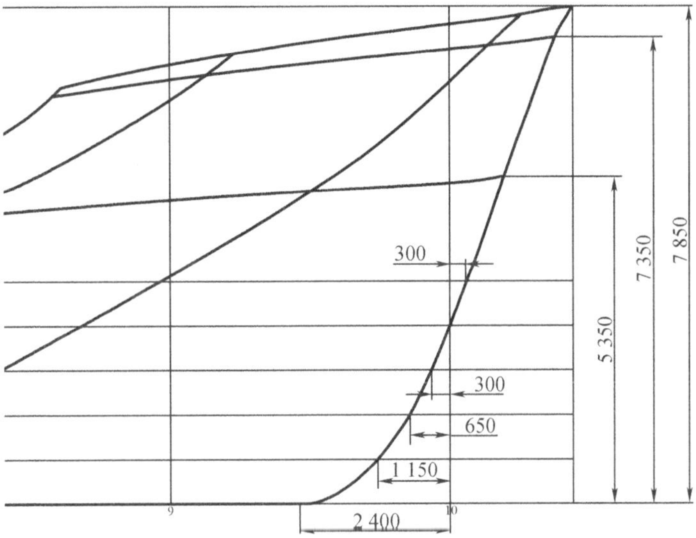


(a)

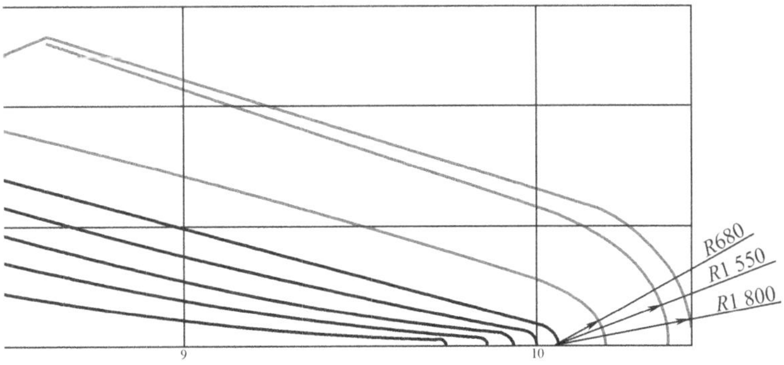


(b)

**图 6－3　艏部型线图**

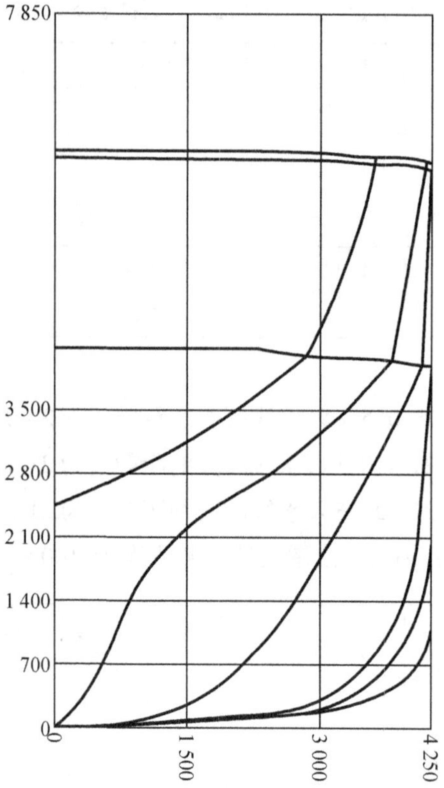


**图 6－4　艉部横剖线图**

# 第 7 章　150 t 冷藏船前半艘(船首)型线生成

## ● 知识目标

1. 掌握 HD－SHM 系统格子线(水线、站线、纵剖线)、空间线(舷墙顶线、外板顶线、折角线、甲板边线等)生成方法及数据转换输入步骤;

2. 掌握 HD－SHM 系统船体型线数据的输入方法;

3. 掌握 HD－SHM 系统艏轮廓线的生成方法;

4. 掌握 HD－SHM 系统型线(空间线、水线)端点处理方法,掌握纵剖线到顶的处理方法;

5. 掌握 HD－SHM 系统型线光顺的处理方法;

6. 掌握 HD－SHM 系统肋骨线生成方法。

## ● 能力目标

培养 HD－SHM 系统船体建模数据识读、转换能力。

## ● 素养目标

1. 通过 HD－SHM 系统船体建模中型线数据的处理,培养学生严谨的治学态度和精益求精的工匠精神;

2. 通过 HD－SHM 系统船体建模,培养学生善于观察、独立思考、团队协作、沟通交流、解决问题的意识及能力。

## 7.1　格子线的生成

按照前面讲述的方法,选择一个盘符,新建一个文件夹 F:\yh15,进入 HD－SHM 船体线型系统。选择“船体三向光顺”这一按钮,点击后进入 Autocad 界面。

进入 AutoCAD 界面后,点击“HuDong”工具条最左端的交互三向光顺“”图标,进入交互三向光顺系统主菜单,读船体型值表,在新建文件夹 F:\yh15 目录中新建船名 a01,选中“F. 新文件” 选项,点击“接受”进入“交互三向光顺”主菜单,在“交互三向光顺”主菜单上点击“M 交互三向光顺”进入“交互三向光顺”菜单。选择“L. 定义编辑型线”子菜单,则出现如下界面,见图 7－1:

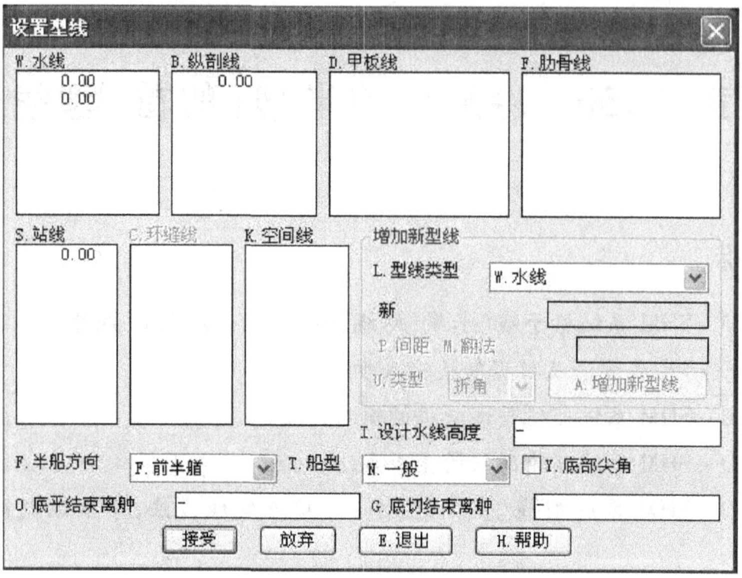


**图 7－1　型线设置界面**

在这个界面中：在“F 半船方向”中选择是前半艘还是后半艘；在“T 船型”中选择船舶类型，有一般船型和有艉封板型两种，150 t 冷藏船为一般船型；根据前面提供的信息，“Y.底部有尖角”也要选中。

在手工放样中，也要绘制格子线，其实数学放样就是手工放样的数学模拟，我们只要给出三组剖线的值就可以了。

在增加新型线中的“L. 型线类型”中分别选择“W. 水线”“B. 纵剖线”和“S. 站线”，在其下面的框中分别填写它们的值。

值得注意的是：里面的“站线”不是填站号，也不是填站距，而是填该站离中的距离，以船舯为零，前半艘以向艏为正方向，后半艘以向艉为正方向（是不能出现负值的）。为了定出船体的整个范围，以方便后面的输入型值，必须输入船体离 *BL* 最高的水线 7 850 和离船中最远的站线 42 500 及最大的纵剖线 4 250，这些值能够刚好能把所有的型线围起来。

一般情况下，船体都有一定的平行中体，当船体无平行中体时，前后半船必须有重叠部分，并且保证在重叠部分的各站线和肋骨线上的水线半宽和纵剖线高度型值一致。

在设计水线高度栏中填写 2 800，这就是本船的设计水线高度。

输入型线时，若输入错误可双击型线表中要删除的型线，在确认后删除所选的型线。

这样格子线就“画”完了，图中还有一些值没有填写，如甲板线、肋骨线、空间线等，那是因为在绘制格子线的时候这些值是用不到的，型线设置见图 7－2。

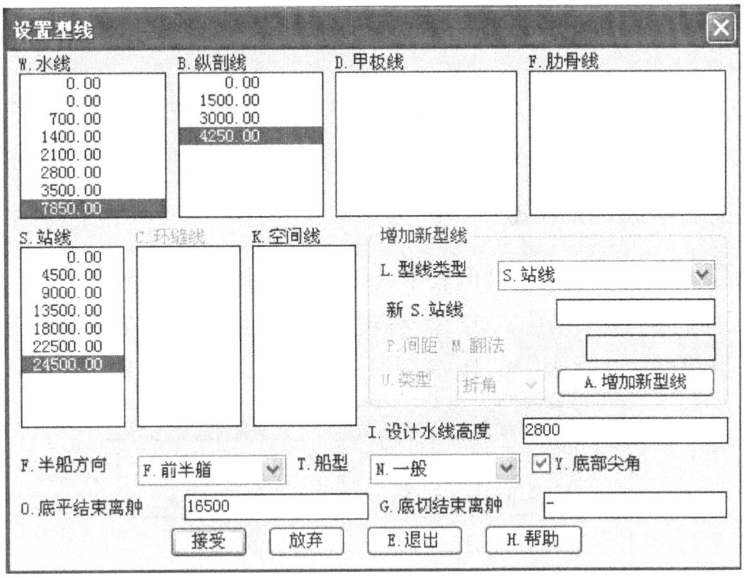


**图 7－2　150 t 冷藏船型线设置界面**

若其中型值输入错误，双击该型值，会出现如图 7－3 所示对话框，然后点击确定重新输入即可。系统将型值的大小按顺序自动排列。

点击“接受”按钮，则进入 AutoCAD 界面，格子线绘制完毕并显示出来，同时菜单返回到“交互三向光顺系统”主菜单。

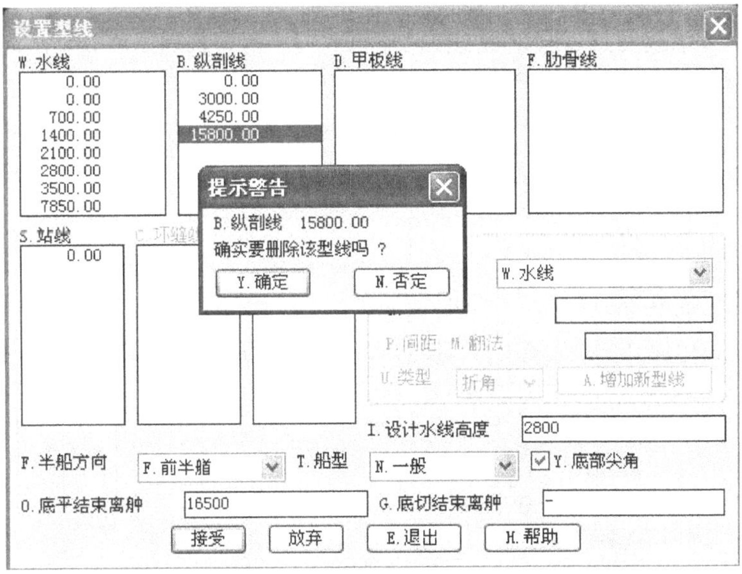


**图 7－3　型线设置出错界面**

# 7.2 水线、纵剖线(0,1 500,3 000)的生成(显示控制)

## 7.2.1 生成水线、纵剖线

生成格子线以后，就可以根据型值表中的数值生成水线和纵剖线了。

在“交互三向光顺”子菜单中点击“D. 编辑型值表”在弹出的对话框中有“T. 站线水线交点表”“A. 站线纵剖线交点表”和“U. 纵剖线水线交点表”等 14 项，见图 7－4。

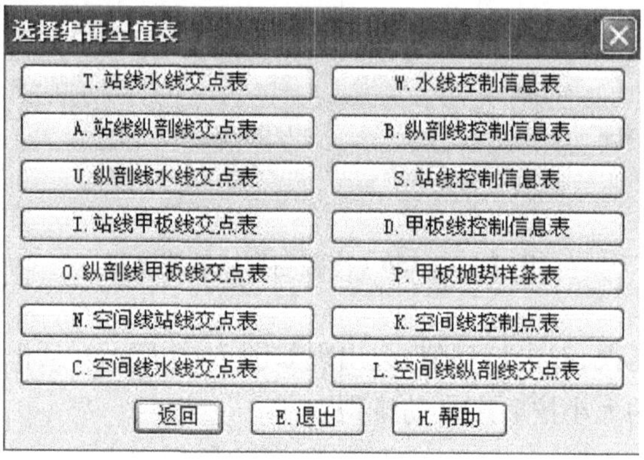


图 7－4 编辑型值表

根据型值表所给的型值，我们可以发现并不能将所有选项都填写完毕，事实上现在主要填写的是“站线水线交点表”和“站线纵剖线交点表”两个选项。

点击“T. 站线水线交点表”进入图 7－5 所示界面。

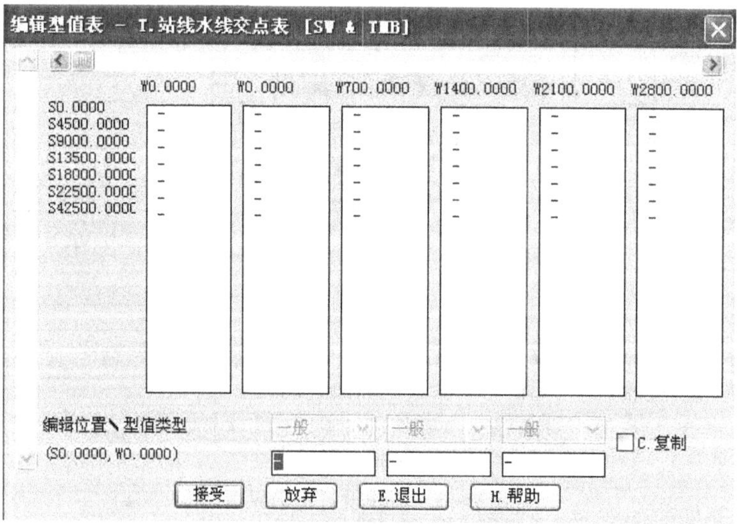


图 7－5 站线水线交点表

选中复制选项，然后双击表中需填写的位置，可将站线水线交点表相应位置的数值写入。编辑位置的型值类型有一般、折角,型线形成后可进行修改。

根据型值表给定的型值逐一填写到相应的位置,这里填写的是半宽值。对于型值表中没有的值不要随便填写,如表中前面二列的 W0.0000 就不要填写。此处表中两根 0 号水线分别表示底平线和边平线。底平线是指船底和船体舭部相切点的半宽值,边平线是指舷侧和船体舭部相切的半宽值。

如果船舶没有艉倾和艏倾,即船舶的 0 号纵剖线在底部与基线重合则可以填写边平线。这些值在这里也可以不填写,最后可以通过自动插值得到它们的形状和型值,填写数值后的站线水线交点表如图 7-6 所示。

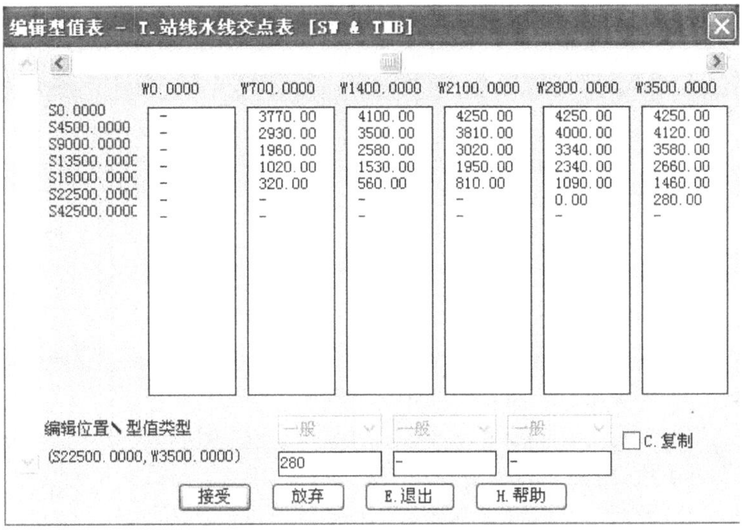


**图 7-6　填入数值的站线水线交点表**

点击接受后,再点击"A.站线纵剖线"交点表,可进入纵剖线型值的填写,这里填写的是高度值,见图 7-7。

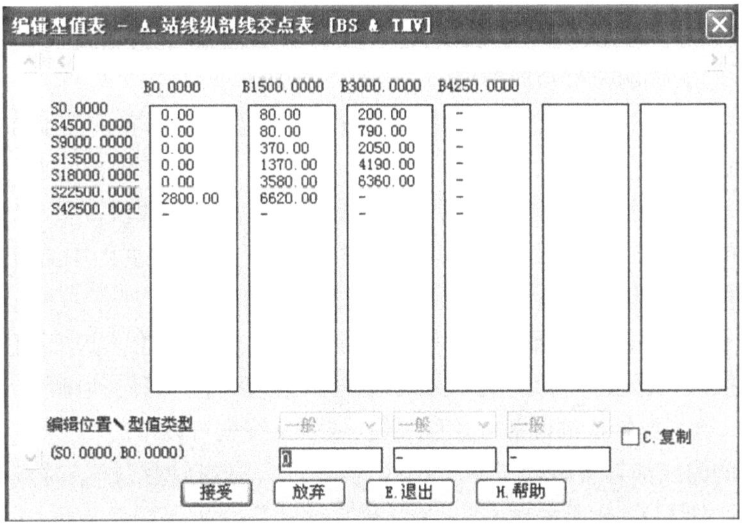


**图 7-7　填入数值的站线纵剖线交点表**

这里 B0.0000 指的是 0 号纵剖线,根据所给的前半艘纵剖线图,可以知道 5 ~ 9 站其高度值都为 0,10 站(距舯 22 500)的高度值为 2 800,艏轮廓线的形成要通过填写纵剖线控制信息表来完成。

### 7.2.2 生成艏轮廓线

选择"B. 纵剖线控制信息表",将艏轮廓线的型值填入。该轮廓线除了站线型值外,还有 6 个控制点,分别是端点(距舯 20 100,高度 0)、700 水线处点(距舯 21 350)、1 400 水线处点(距舯 21 850)、2 100 水线处点(距舯 22 200)、3 500 水线处点(距舯 22 800)、末点(距舯 24 500,高度 7 850),见图 7 - 8。

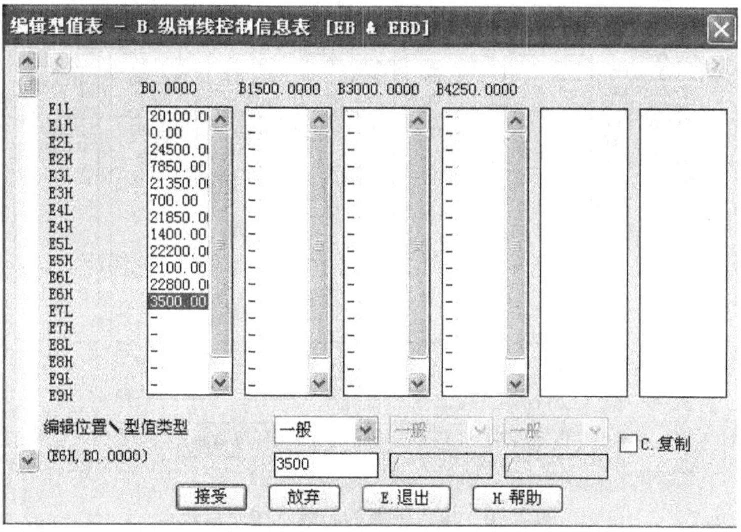


**图 7 - 8 填入数值的纵剖线控制信息表**

图中各符号的意义:横向的 B * .0000 指的是纵剖线,左侧的 E1L 表示纵剖线上某控制点距舯的距离,其中 E1 表示第一个控制点,L 表示某控制点距舯的距离;E1H 表示第一个控制点的高度值,其他的符号与此类同。

在填写各控制点的值时,要注意其排列顺序:在填写的时候第一点和第二点填写首末两点,中间的点从第二个控制点依次填写;否则,就可能会出现曲线"折回来"的现象。

对于中纵剖线,线型比较复杂,曲线中往往夹杂有圆弧或直线段,所以处理起来比较麻烦。比较简单的处理方法是:用 AutoCAD 中的样条曲线和圆弧根据图中给定的型值分别绘制相应的曲线段,然后将这些曲线转换成系统认同的空间线。

在绘制的图线中,如果是用样条曲线绘制的可以直接转换,但是对于直线和圆等图线是不能直接转换的,要先将其转换成多义线或样条曲线后才可以转换型线。在 Autocad 界面下输入 Pedit,选中要转换的圆弧或直线,转换成多义线就可以了。

现在所有的曲线都具备转换成系统型线的条件了。选择型线样条时点击要转换的曲线,系统会提示,如图 7 - 9 所示。

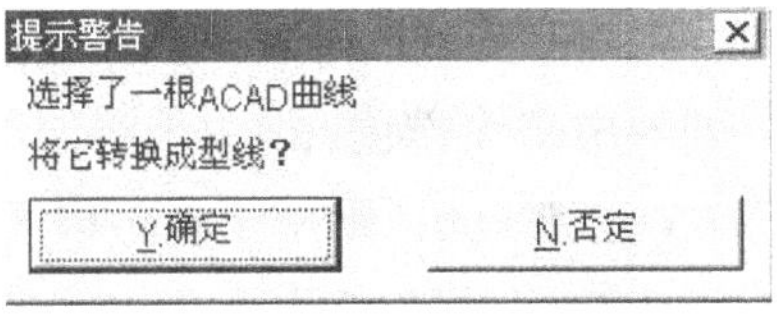


图 7-9 选择曲线时系统提示

点击确定,然后选择要转换成的型线类型。

### 7.2.3 显示控制

接受上面的输入,点击返回,回到“交互三向光顺系统主菜单”。点击“D. 显示控制”选项,进入如图 7-10 所示界面。

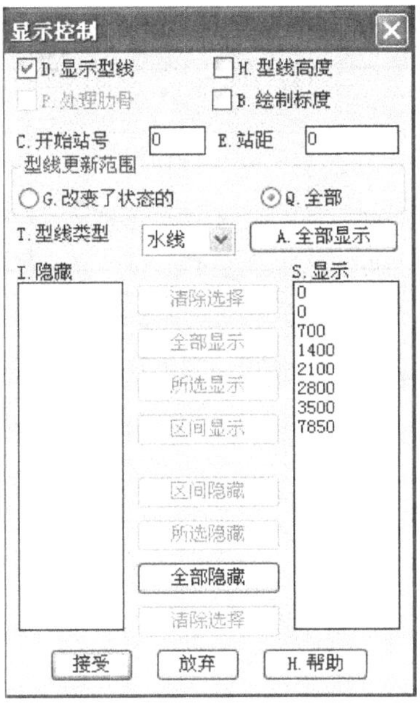


图 7-10 显示控制界面

选中“D. 显示型线”选项,在“T. 型线类型”中可以选择想显示的型线类型,后面的“A. 全部显示”则可以将所有的型线显示出来;在“型线更新范围”这一栏中,选择“G. 改变了状态的”是不改变原来有的型线,只是改变做了修改的内容,而“Q. 全部”则是将所有型线重新生成一遍,类似与 AutoCAD 中的重生成或刷新。

可以对每根型线控制是否显示,可显示的型线种类有“水线”“纵剖线”“站线”“肋骨线”和“环缝线”,其他型线在设置“显示型线”后都会显示。先从“型线类型”中选择要修改显示控制的型线类型,然后分别在“隐藏”或“显示”列表中选择要显示或隐藏的型线,随后按“所选显示”则将“隐藏”列表中选择的型线移到“显示”列表中,或者按“区间显示”将“隐藏”列表中所选的两根型线间的型线都移到“显示”列表中,或者按“所选隐藏”将“显示”列表中选择的型线移到“隐藏”列表中,或者按“区间隐藏”将“显示”列表中所选的两根型线间的型线都移到“隐藏”列表中。另外,上面的“清除选择”用于清除在“隐藏”列表中所作的选择，下面的“清除选择”用于清除在“显示”列表中所作的选择，“全部显示”用于将该类型线的每根型线都移到“显示”列表中，“全部隐藏”用于将该类型线的每根型线都移到“隐藏”列表中，而“型线类型”旁的“A. 全部显示”则用于将可以选择的所有类型的型线都移到“显示”列表中。设置结束后按回车键则系统接受设置，修改图形的显示以及主菜单内容；若按取消键则放弃设置，返回主菜单。

读者这时可能发现自己所操作所显示的情况和上图有所不同，就是“P. 处理肋骨”为灰色，不可用。那是因为还没有定义肋骨，这是正常情况，当定义了肋骨后，这一选项自然就可以变为可用了。

点击“接受”，船体的型线就显示出来，不过显示不完整，见图 7－11。

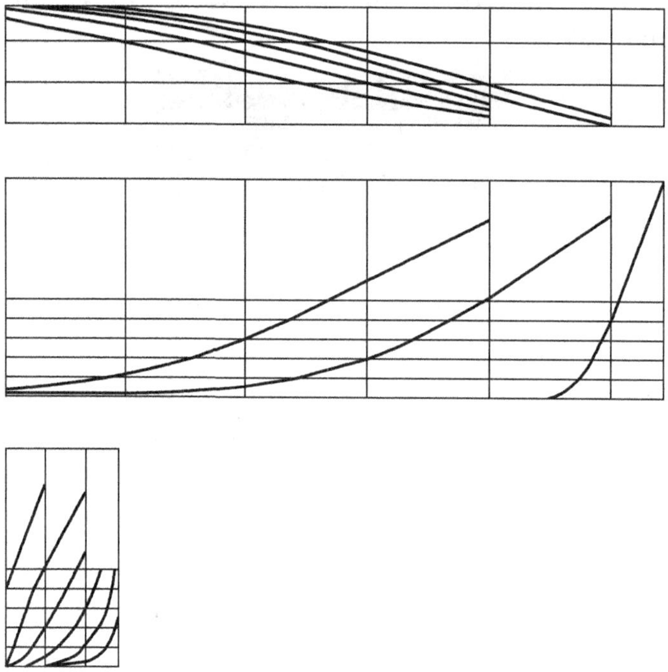

**图 7－11 不完整的 150 t 冷藏船型线**

输入完上面的型值保存文件，进入“交互三向光顺系统主菜单”点击“S. 存储船体型值表”将输入的型值数据存盘，存盘时选中新文件，在点击存储船体型值表时，会在船名框中出现如下字符：

a01 SFN S7，W8，B4，D0，K0，F0 01－16－2013 9：32

船名框中，“a01”表示船名。“SFN”表示型值表状态，由三个字母组成：第一个字母表示肋骨型值表的有无，“S”为无，“F”为有；第二个字母表示船的前后方向，“F”为前半艘，“B”为后半艘；第三个字母表示船的类型，“T”为有艉封板，“N”为一般船型。“S7，W8，B4，D0，K0，F0”显示各类型线的根数，字母为型线类型，跟在后面的数字为该型线的根数，各字母的意义：“S”为站线，“W”为水线，“B”为纵剖线，“D”为甲板线，“K”为空间线，“F”为肋骨线。“01－16－2013 9：32”表示最后修改的时间。

# 7.3　空间线的生成(空间线端点处理)

## 7.3.1　空间概念

在利用 HD－SHM2005 船体线型系统绘制船体线型时,一定要有本系统的坐标系概念,即一个空间点是由哪几个坐标确定的。我们知道,船体上面的一个点要有三个值才能确定出它的具体位置,分别是半宽、高度和距舯,即 $y$、$z$、$x$ 值,见图 7－12。这些值表示为坐标形式就为:(距舯值,半宽值),(距舯值,高度值)。一个点只有三个值都有才能三向控制,即如图 7－13 所示,E2 这个点,要想三向控制,横坐标 E2L/B、E2L/H 与纵坐标 K3L、K3B/H 必须填全,这一点是非常重要的。

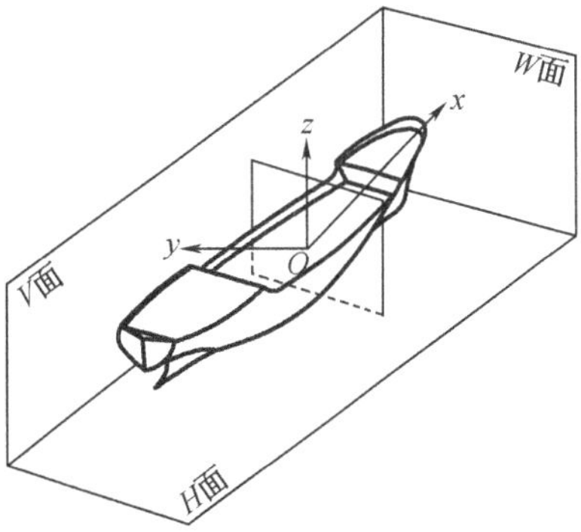


图 7－12　船体空间坐标

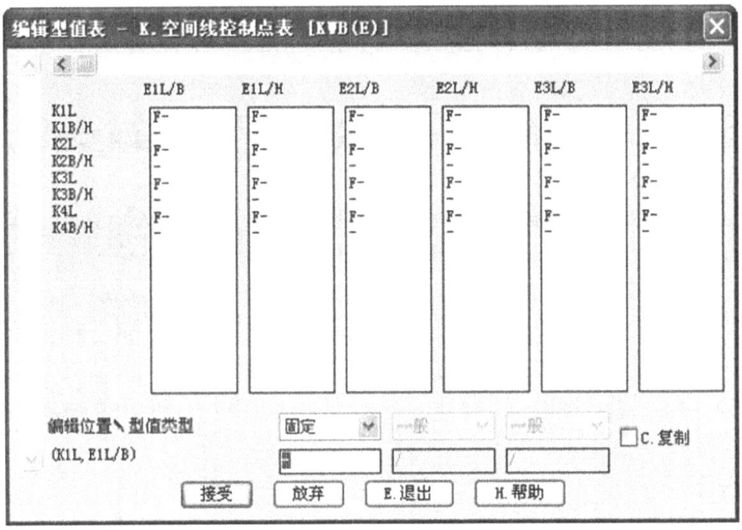


图 7－13　空间线控制点表

## 7.3.2　定义空间线

空间线是一种特殊的曲线,在本系统中当截交线与空间线相交时截交线被分成了两段,形成折角点。由于这种性质的存在,当型线上有折角点时就可以让截交线与空间线相交,反之就不要与空间线相交。

下面来定义空间线。

点击“L. 定义编辑型线”进入设置型线栏,在“L. 型线类型”中选择“K. 空间线”,在“新 K 空间线”栏中输入 1(这只是一个标号,读者朋友在操作时要记住 1 表示的是什么空间线,如舷墙顶线)，在“U.类型”中选择折角类型。点击“A.增加新型线”则一根空间线就定义完了。其他的空间线的定义与之相同，只是标号为 2，3，…，N 等，类型也根据需要指定。

这里我们定义 1 号空间线为舷墙顶线；2 号为外板顶线；3 号为艏楼甲板边线；4 号为艉楼甲板边线；5 号为上甲板边线，见图 7－14。

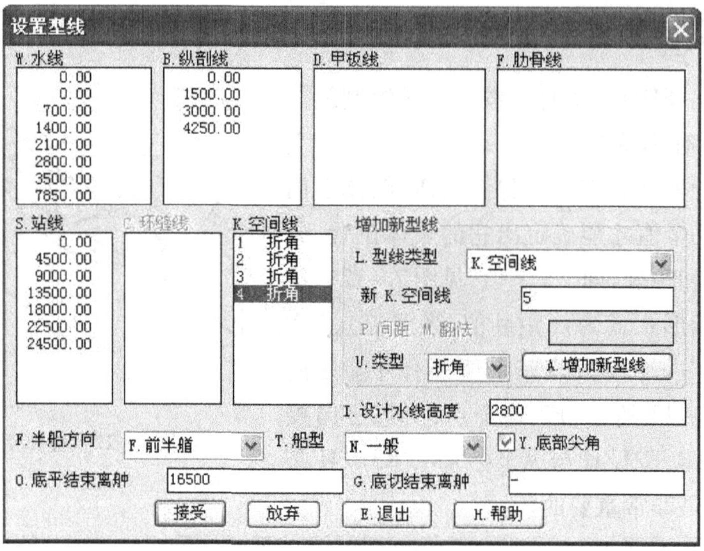


**图 7－14 空间线设置**

在“选择编辑型值表”中选择“N.空间线站线交点表”进入“编辑型值表 KST”。将空间线的半宽值和高度值输入，见图 7－15。

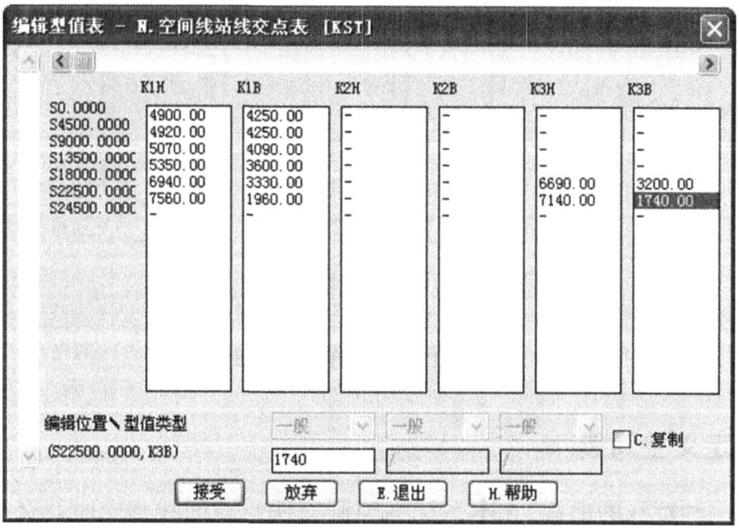


**图 7－15 空间线站线交点表**

这里的 K1H 表示第一根空间线的高度值，K1B 表示第一根空间线的半宽值。这在型值表中是舷墙顶线的高度和半宽值。其他的空间线与此类似。

对于甲板边线是与截交线相交的，由于空间线的性质必然导致截交线变成两段，但是有的时候船舶的型线在甲板以上并没有变成直线，而是继续保持原来的线型。这个时候我们就要控制空间线与截交线的交点了。

显然，对于这些线再通过输入站线与空间线的交点表就意味着默认了空间线与截交线有了交点，这样可能导致截交线在甲板线处不光顺甚至错误。为了避免这种情况的发生，往往先不认为该空间线与截交线有交点，而是将空间线作为一根独立的线来定义和生成。对于甲板边线也可不采用上述的输入方法，而是将该临时的空间线作为一根单独的空间线来处理，通过填写空间线控制点表来生成。这样生成的空间线是与截交线没有关系的，如果想要与截交线有交点可以通过插值的方法得到。

通过显示功能，可知绘出的空间线如图 7 - 16 所示。

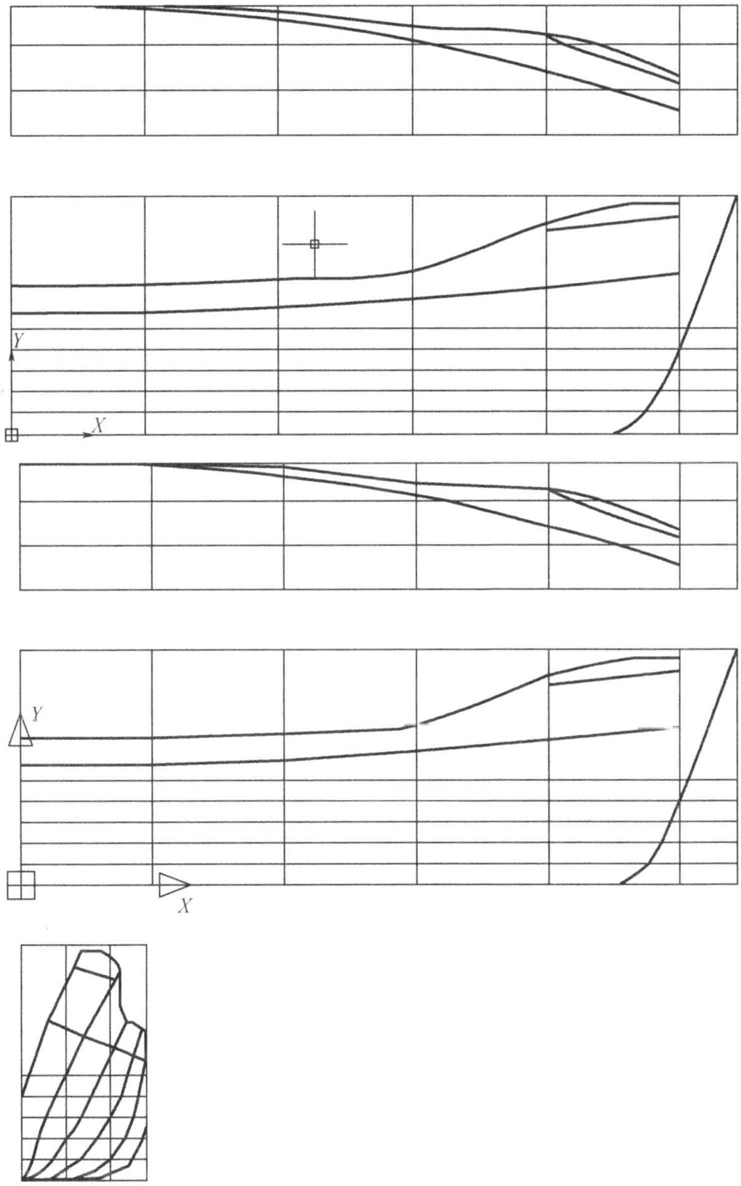


**图 7 - 16　生成的空间线**

### 7.3.3 空间线端点处理

观察给定的型线图可以发现，舷墙顶线、艏楼甲板边线、上甲板边线在 10 站以后还是有的，但是这些型值在型值表中并没有给出，而是在型线图上标注给出，为了完整地描述该空间线的端部情况，必须将这些型值“追加”到相应型线上去。我们称这项工作为端点处理。

在“选择编辑型值表”中选择“K.空间线控制点表”进入“编辑型值表 KWB(E)”，见图 7 - 17。

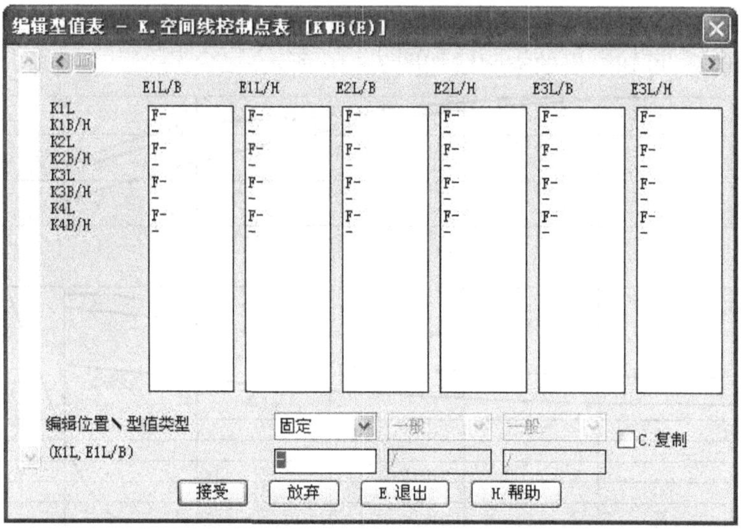


**图 7 - 17 空间线控制点表**

图中各符号的意义：左侧的 K1L 表示的某控制点距舯的距离，其中 K1 表示第一根空间线（是前面定义的空间线的序号，这里表示的是舷墙顶线），L 表示这根空间线上的某控制点的距舯的距离；K1LB/H 表示第一根空间线的控制点的半宽和高度值；上面的 E1LB 表示第一个控制点的半宽值，E1LH 表示第一个控制点的高度值。其他的符号与此类同。

我们知道，船体上面的一个点要有三个值才能确定出它的具体位置，分别是半宽、高度和距舯。这些值表示为坐标形式就为：（距舯值，半宽值），（距舯值，高度值）。如图中第一根空间线上的第一个控制点就为（24 500，0），（24 500，7 850）。

所以不难得到填写方法：在第一行（K1L 所在行）填写距舯值（要针对不同的控制点，即准确填写某控制点的距舯值）；在第二行（K1LB/H 所在行）的第一列（E1LB 所在列）填写半宽值（同样要针对不同的控制点），第二列（E1LH 所在列）填写高度值。

根据给定的型线图我们发现：舷墙顶线在艏端的距舯值为 2 000 + 22 500 = 24 500，半宽值为 0（因为在横剖面图中与中纵剖线相交并结束），高度值为 7 850（图中给出距 BL7850），这样就得到了第一个控制点。其他的控制点要通过与 CAD 的交互功能作辅助圆得到。

下面我们介绍作辅助圆加入控制点。以上甲板边线为例，其他空间线作法相同。

上甲板边线属于三维空间线，其上的点需要有三个方向的坐标值，完成其放样需要根据其形状和尺寸绘制辅助图形。上甲板边线其端部在水线面上投影为圆弧，但是对于甲板系统没有像水线圆弧那样的生成功能,只能通过单根型线的交互,通过增加控制点完成。具体过程是先在纵剖线图上找出与艏柱中心线的交点(高度为5 350),过该交点作垂线与水线图上基准线相交;在水线图上作辅助圆,使辅助圆半径等于甲板圆弧半径,圆最前端在轮廓线与甲板线交点投影点处,即垂线与水线图上基准线相交处,如图7-18所示。

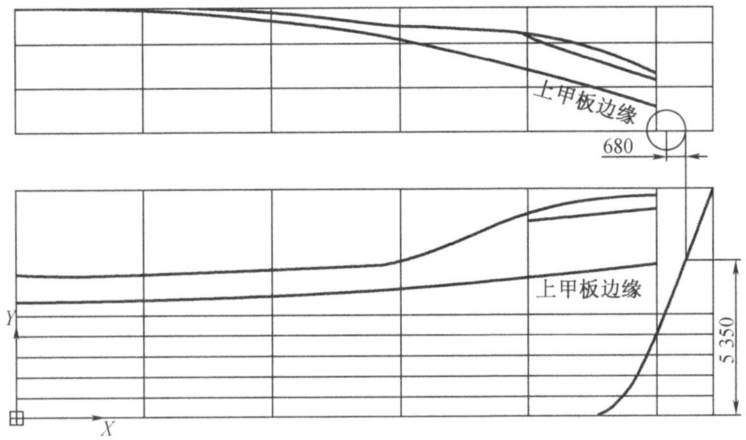


**图7-18　上甲板边线端点处辅助圆**

然后点击“S.选择型线样条”,在水线图上选择上甲板边线,再点击“P.增加一个控制点”,在选择的上甲板边线上通过辅助圆上增加控制点,通常在圆上增加三个点就可以满足精度要求,其中一个点一定是垂线与圆弧的切点,另一个是端点,切点与端点中间再选取一个即可,见图7-19。

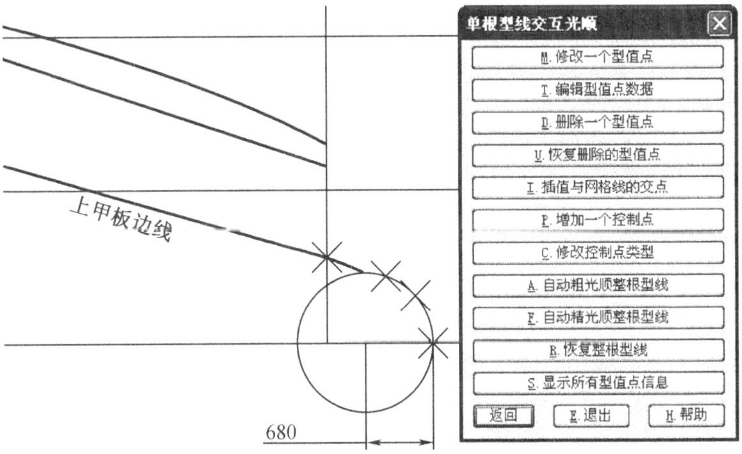


**图7-19　上甲板边线端点处辅助圆**

此时空间线控制点表变为如图7-20所示。

K5代表第5条空间线,由前面的定义知即上甲板边线,我们增加的三个控制点即为E3、E4、E5。由该表还可以看出,对每个空间点,只有距舯值和宽度值,而没有高度值,还需要补充高度值。E5点的高度值已知为5350,将其填入,如图7-21所示。

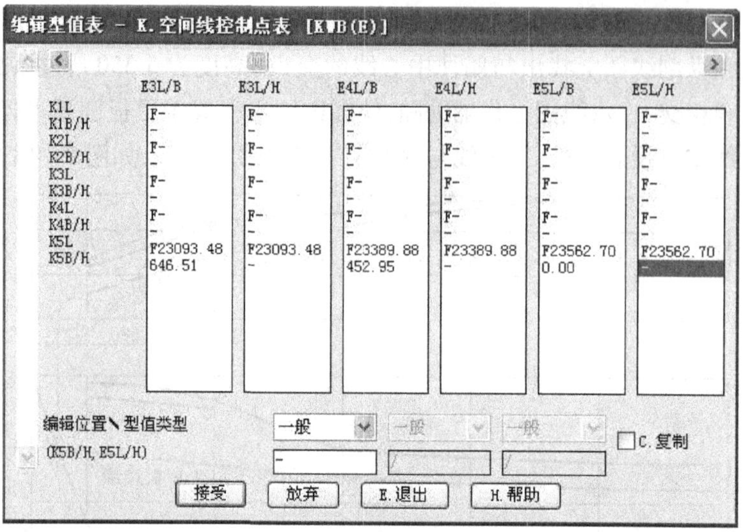


图 7－20　空间线控制点表变化

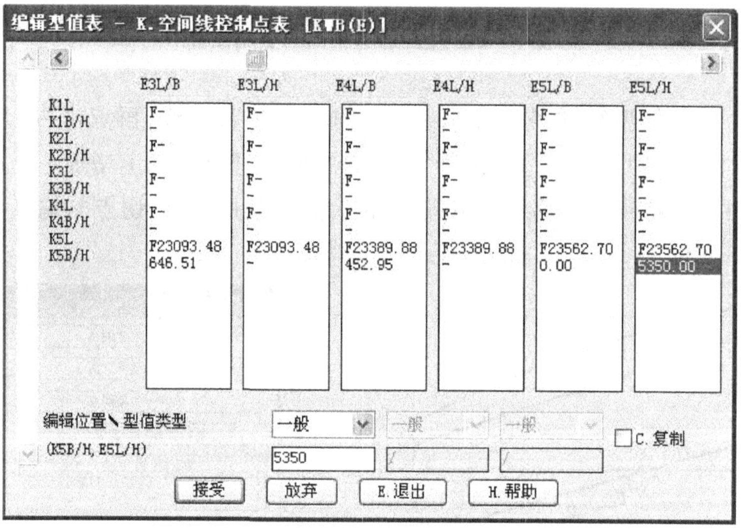


图 7－21　E5 控制点的控制点坐标

选择重新显示，上甲板边线会自动延伸到轮廓线，然后即可求取另外两点的高度值，其方法是过这二点作垂线与纵剖图上的上甲板边线相交，测量出交点高度，见图 7－22。将其填入空间线控制信息表中对应空间线空间点高度值处，见图 7－23。

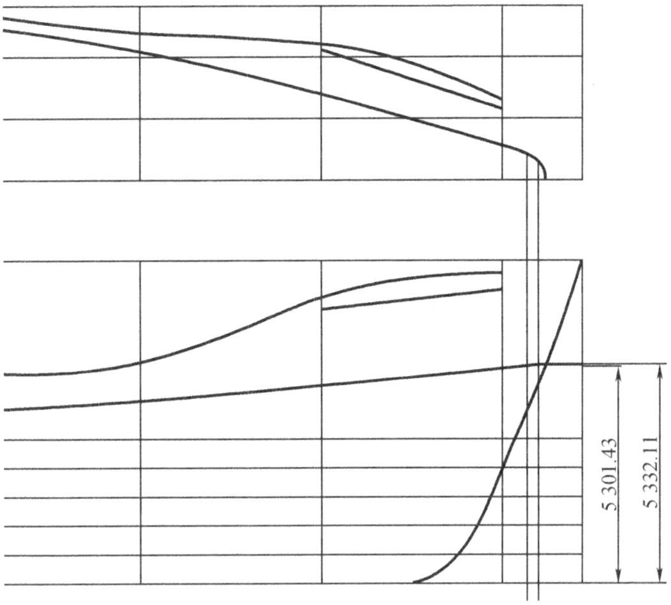


**图 7－22　另外两个控制点的高度值**

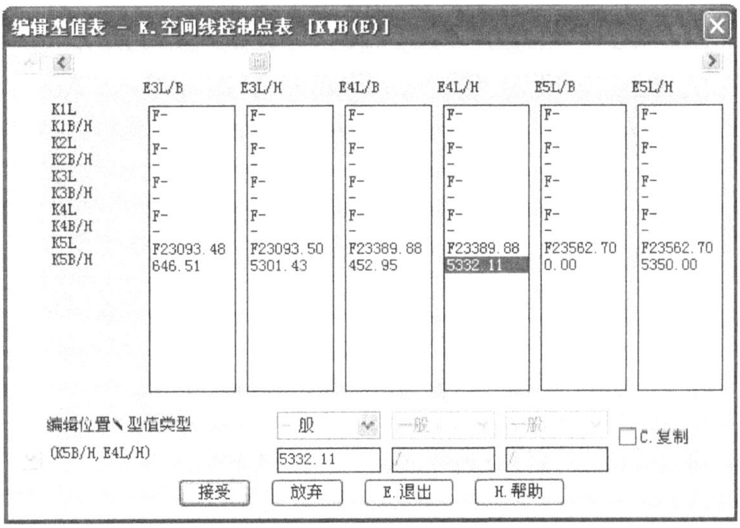


**图 7－23　补全坐标的控制点**

至此,填了高度值的上甲板边线控制点就是真正意义上的三维空间点了,在三个视图方向上都起控制作用,否则,如果缺少一个方向的坐标,就不能成为三维空间线。假如缺少高度,则在纵剖面和横剖面图上控制点就不起作用。

利用同样的方法,可作出舷墙顶线、艏楼甲板边线端点。见图 7－24。

这里谈到的方法除了可以得到空间线的端点外,还可以生成整根空间线,就是将空间线看成若干空间点组成,通过输入一个一个控制点来生成空间线。利用交互界面输入时直接点取即可,系统会自动添加,不存在顺序问题,关键是一定要清楚空间点在整个船体与系统中的坐标表示。

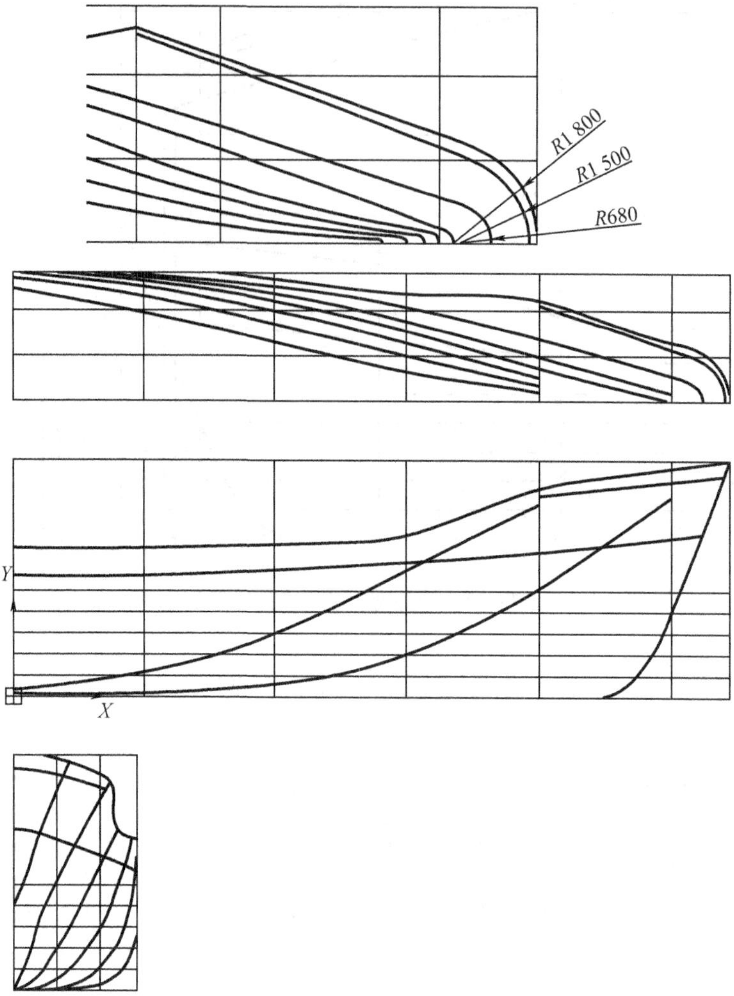


**图 7－24　端点完整的空间线**

从图中我们可以看出，水线没有到舯，纵剖线也没有到顶。

## 7.4　水线、纵剖线处理

从第三节最后得到的型线图来看，我们会发现水线没有到舯，也没有生成水线圆头，纵剖线没有到顶。这些都可通过系统中的选顶来完成。

### 7.4.1　水线到舯

方法一：通过插值的方法得到。

中纵剖线在前面的操作中已经生成了，选择交互三向光顺中的“S. 选择型线样条”，在型线图中的纵剖线图上选择中纵剖线，在出现的单根型线光顺菜单中选择“I. 插值与网格线”的交点,然后选择与中纵剖线相交的各水线,本例中就是 700,1 400,2 100,2 800,3 500 水线,然后回车,系统会提示“选好了吗”,确定之后,系统将各个水线自动与中心线相交。

方法二:通过光顺轮廓线得到。

在光顺前处理对话框中选择光顺轮廓线,然后点“接受”按钮。得到的结果如图 7 - 25 所示。

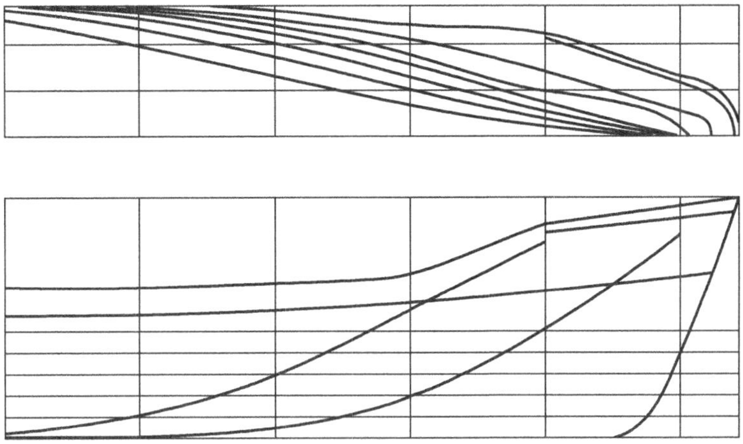

**图 7 - 25　水线到舯**

## 7.4.2　水线圆头

在图 7 - 25 中,各个水线虽然与中心线相交,即各个水线不再缺少端部,但是端部的形状为尖角形状,所以还要通过前处理提供的功能生成水线圆头。

我们知道对于一个样条曲线仅仅知道它通过若干型值点这一条件还不足以使曲线定型,还必须给出它的端点条件。刚才对于水线的到舯其实是我们给出了端点的型值和端点的一阶导数这一端点条件。那么对于水线的端点应该如何处理呢?

从提供的船体型线图中可以知道,船体的水线在艏部和艉部与船体的艏柱和艉柱相交时形成艏、艉圆弧,水线的端点其实就是与艏、艉圆弧相切的切点。如果我们能够得到这些圆弧的相关信息就可以准确地得到水线的端点条件了。

由于有艏、艉圆弧,所以在中纵剖线处水线应与之垂直。具体的处理方法是:在中纵剖线处使水线的一阶导数为无穷大。

在“水线控制信息表”中,可以看到可以增加 20 个控制点以控制水线,在该表的下面,出现了如图 7 - 26 所示界面。

Dy1B,它表示水线的起点的一阶导数,这里就是在靠近船中即第 5 站附近,我们在处理水线圆头时一般不填写这个值,如果要填写的话就填写 0,因为对于大部分船舶而言其中部往往是平直的,即前面所讨论的边平。

Dy1E 表示水线的终点的一阶导数,就是水线圆头与中纵剖线的交点,显然,它们是垂直的,其一阶导数应该为无穷大。这里规定,在这一栏中填写 999 999 表示其数值为无穷大。所以,要想形成水线圆头必须要在这里填写 999 999。

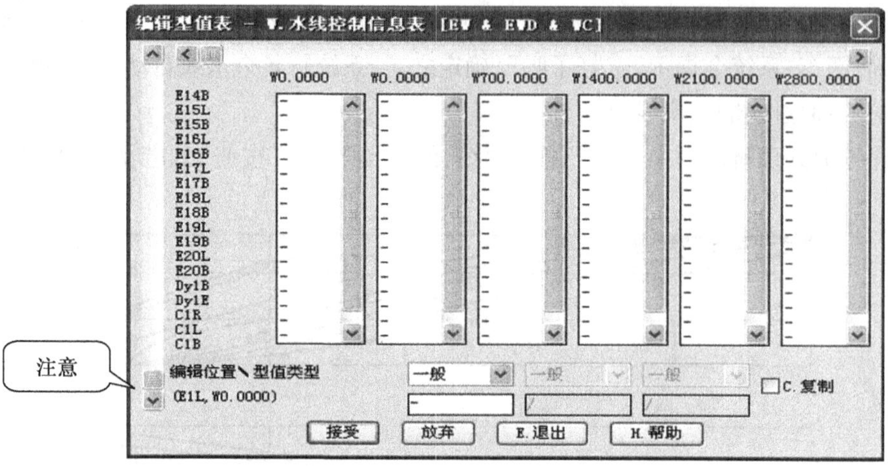


图 7-26　水线控制点表最后控制点

上述的末点导数只能保证水线在中纵剖线处与之垂直,但是它能不能保证有艏、艉圆弧存在呢?

事实上,要想准确得到水线圆头的信息还需要其他数据。图 7-26 的最下面三组数据就是解决这一问题的。其中,C1R 表示圆头的半径;C1L 表示圆心的距舯值;C1B 表示圆心的半宽值(即距离中纵剖线的距离)。

这样就解决了水线圆头的问题。前半艘水线圆弧半径见表 6-3。

圆心距舯值为:

700 水线:21 350 - 90 = 21 260,1 400 水线:21 850 - 130 = 21 720,2 100 水线:22 200 - 170 = 22 030,2 800 水线:22 500 - 210 = 22 290,3 500 水线:22 800 - 250 = 22 550。

将提供的数据输入,如图 7-27 所示。

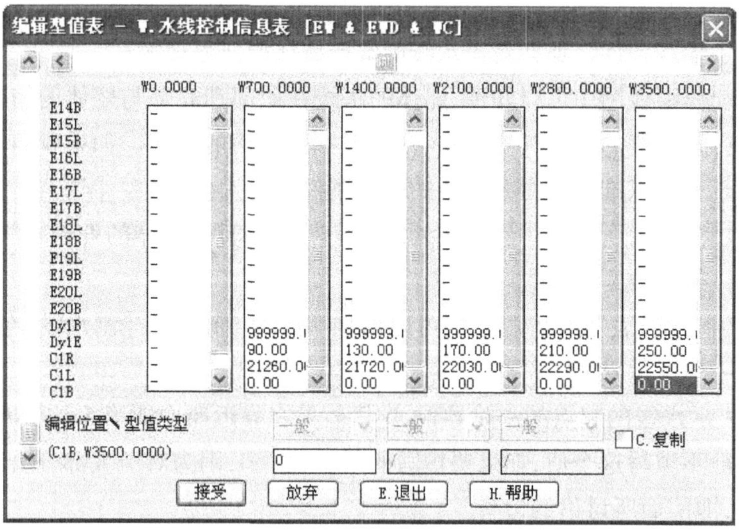


图 7-27　水线圆头处理数据填写

接受后,在光顺前处理中选择水线圆头切点线光顺中的二向光顺系统即自动生成如图

7－28 所示的水线圆弧。

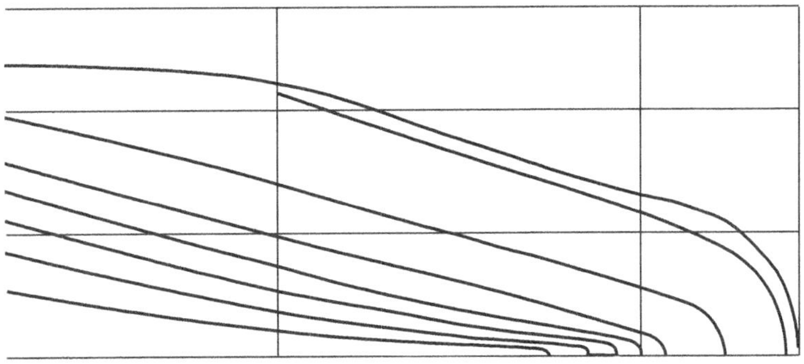

图 7－28　生成的水线圆弧

### 7.4.3　纵剖线到顶

除了上述的问题外，纵剖线也没有到达顶部，而是终止于 10 站，这显然与事实不符，纵剖线应当到达舷墙顶线的位置。对于本船来说，纵剖线给定的型值不多，在顶部与主甲板边线和舷墙顶线的交点在型线图中并没有给出相应的型值。通过观察我们可以看出，其实纵剖线的型值数据已经蕴含在型线图当中了，只是没有以数据的形式给出而已。在横剖线图中有纵剖线与各站线的交点，也有纵剖线和甲板边线及舷墙顶线的交点，从该图中我们可以得到相应的高度值；在半宽水线图中有纵剖线与各水线的交点，也有与甲板边线及舷墙顶线的交点，从该图中可以得到相应的半宽值。但是这些值应该怎么得到呢？我们可以通过插值得到这些纵剖线相应的型值。

选择交互三向光顺中的“I. 插值网格线”，用鼠标分别在半宽水线图和横剖线图中选取 3 000 纵剖线，然后点右键，系统会提示“选好了吗?”，点击确定则 3 000 纵剖线自动到达顶部。

同样的操作使 1 500 纵剖线到达顶部，见图 7－29。但是这时的纵剖线可能并不完全满足要求，其原因是水线和站线等都没有光顺，不光顺的型线插值出来的型值也一定不满足光顺的要求，这在后面的型线的光顺中还需进一步调整。

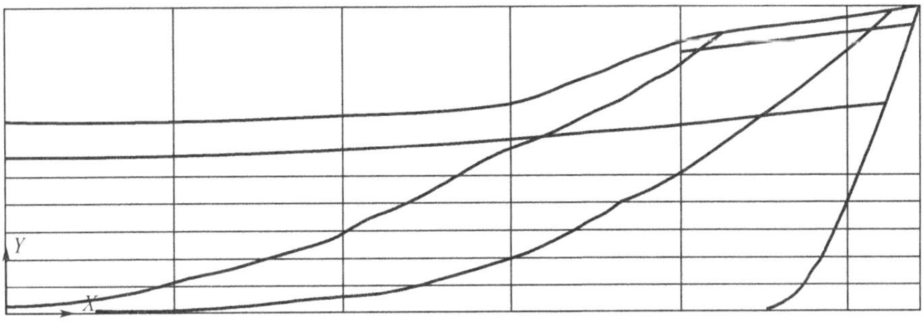


图 7－29　纵剖线到顶

# 7.5 单根型线光顺

工程中所要求的“光顺”的概念，实际上是工作者根据多年生产实践积累的经验，用眼睛观察所绘制的曲线，其标准是判断曲线的变化是否满足光滑且和顺，就是曲线在满足光滑条件的基础上，其弯曲变换趋势应满足工程上的和顺要求。

船体型表面是一个具有三向曲度的光顺曲面，所得到的各种剖面线也应当是光顺的。但是，我们前面操作所生成的曲线是根据通过若干型值点和两个端点条件确定的样条曲线，在这个过程中由于测量的误差或者是输入数据的错误都有可能造成曲线的不光顺。所以前面所生成的船体型线并不是一个满足要求的曲线，还需要进一步调整，这个调整的过程就是船体型线的三向光顺。

船体型线的三向光顺从广义上说是一个很宽泛的概念，它包括了型线的形成和型线光顺的判别以及不光顺的调整。我们这里所说的船体型线的三向光顺只是对光顺的判别和对不光顺处的调整，主要描述单根型线的光顺。

## 7.5.1 光顺的数学原理

在型线三向光顺系统中，单根型线的型值点光顺采用圆率序列方法。该方法可直接对型值点进行光顺性判别和修改，而无须像一般的单根型线光顺方法，首先要对型值点拟合出曲线，然后再对型值点进行光顺性判别和修改。

型值点的圆率序列实质上是型值点二次差商序列概念的进一步发展。它由相邻三点型值组成中间一点的圆率。相邻三点组成的圆率，其绝对值等于通过这三点组成的圆的半径之倒数，其符号与这三点中间一点二次差商符号相同。这样对给出的型线型值依次求圆率即可获得型值点的圆率序列，若首、末型值点给出导数则可求得首、末点圆率；若首、末型值点没给出导数则取第二点型值点圆率作为首点圆率，末点圆率同样取最后第二点型值点圆率作为圆率。型值点的圆率序列的符号反映了型线的弯曲方向，其绝对值则反映了型线的弯曲程度，而圆率序列相邻二点的一次差的符号和绝对值反映了型线上相邻型值点弯曲程度变化的趋势，也就是型线的光顺程度。故利用型线型值点的圆率和圆率一次差可直接对型值点进行光顺性判别。

型值点光顺性判别准则为：

(1)型值点圆率序列没有多余的变号，即我们称之为“粗光顺”；

(2)型值点圆率序列的一次差没有连续变号，即我们称之为“精光顺”。

在本光顺程序中首先对型线型值点求出圆率、圆率一次差、圆率二次差，然后根据圆率、圆率一次差自动判别其光顺性。若型线型值点圆率符号没有连续变号，则我们认为已达粗光顺要求。若型线型值点圆率一次差符号没有连续变号，则我们认为已达精光顺要求。

### 7.5.2　型值的调整原则

由于型值是设计部门给定的,这些型值直接关系到船舶的各项性能,故不可以随便改动,如果必须改动,其调整的幅度也要非常小。总体来说,型值的调整原则如下:

(1)对于原始型值一般不能改动,如果必须改动,一要控制改动的幅度要非常小,二要对一切原始型值的改动做详细的记录,并通知设计部门。

(2)对于非原始型值,只要满足光顺的要求即可,改动的幅度没有限制。

(3)对于水线以下的原始型值,这些型值对船舶的航行性能影响较大,所以一般不要改动,如果非改不可的话,其要求也是相当严格的。

(4)对于水线以上的原始型值,由于这些型值对航行性能的影响较小,所以可以改动,只要满足船体外形美观即可。

### 7.5.3　光顺的顺序

数学放样和手工放样相同,进行调整三向光顺时,也是从横剖面开始,然后调整水线面,最后是纵剖面。船体型线的要求是三向光顺,所以单调整某一个剖面型线是达不到三向光顺的目的的。在实际的操作中要统筹兼顾,相互协调,迂回进行。

在本系统中,只要我们在某一个剖面上改动某一个型值点,则其他的两个剖面上的相应点也做改动,即本系统具有三向光顺性。这一点是本软件最为精华的部分,为放样工作带来了极大的方便。

### 7.5.4　单根型线的交互光顺

在手工放样时,当某点不光顺时将压在此点附近的压铁去掉,使样条自然回弹,然后再将压铁压住,这样就使得此点的回弹力最小也就越光顺。数学放样所采用的方法与手工放样类似。

当某型值点不光顺时,一般也是先把此点删去,在此点处让样条曲线自然回弹,然后再插值得到与格子线的交点,这个重新得到的型值点就是光顺的型值点。

1. 单根型线的光顺方法

交互光顺子菜单有交互站线三向光顺子菜单和交互肋骨光顺子菜单两种,由型线显示控制功能的“处理肋骨”选项确定。

单根型线的交互光顺菜单在交互光顺子菜单中的“选择型线样条”。图形中必须显示着要处理的型线,此功能才会执行,否则,选此菜单将不做任何事情。

在图形中显示着要处理的型线时,选此菜单后,系统在 AutoCAD 命令区提示:

选择要处理的型线/Undo/Quit/Help:

请在图形中选择要处理的型线。此时,若键入 Q 后回车,则系统退回到交互光顺子菜单;若未选图形而直接按回车键,则系统进入如图 7－30 所示的选择型线对话框。

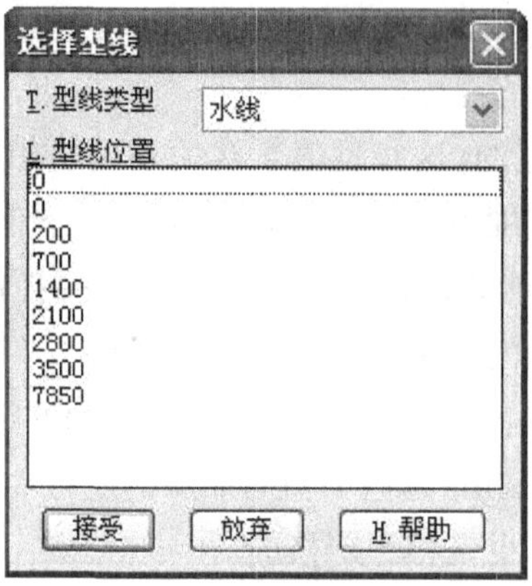


**图 7-30　选择型线对话框**

在"型线类型"框中选择要光顺的型线类型,然后在"型线位置"表中双击要光顺的型线即可;若选了一根型线,则系统将所选型线上的型值点以及与它三向相关型线上的相关点用" × "显示出来,然后显示单根型线交互光顺子菜单,进行单根型线交互光顺处理,如图 7-31 所示。这样就可以对选中的型线进行光顺处理了。

**图 7-31　单根型线光顺菜单**

进行型线的光顺是一件非常复杂的事,在手工放样中判断曲线是否满足光顺往往是依靠放样工人的经验。在数学放样中光顺与否可以通过一定的方法进行判断,但是光顺的过程很大程度上还是依靠经验,有经验的人可以在较短的时间内完成光顺,经验不足的人所需要的时间可能会成倍地增加。虽然如此,相对于手工放样而言效率还是提高了许多。一艘万吨级的船舶如果用手工放样要得到全部的施工图纸资料可能需要许多人 1 ~ 2 个月的时间,而采用数学放样的话可能只需要几个人 1 ~ 2 周的时间就可以完成。这就是科技的进步带来的实际的效益。

(1)光顺的判别

在进行光顺型线的过程中,进行光顺判别是非常重要的。联系我们前面所讨论的型线光顺性判别的方法,需要判别有没有多余拐点和曲率变化是否均匀。

本系统所采用的光顺方法是圆率序列法,所以曲线光顺与否要判别圆率是否发生连续变号和圆率的一次差是否发生变号。这里满足圆率没有多余变号称为曲线满足“粗光顺”;圆率的一次不发生连续变号为满足“精光顺”。

选中一个要光顺的型线,选择“M. 修改一个型值点”,这个时候回出现如图7-32所示情形。

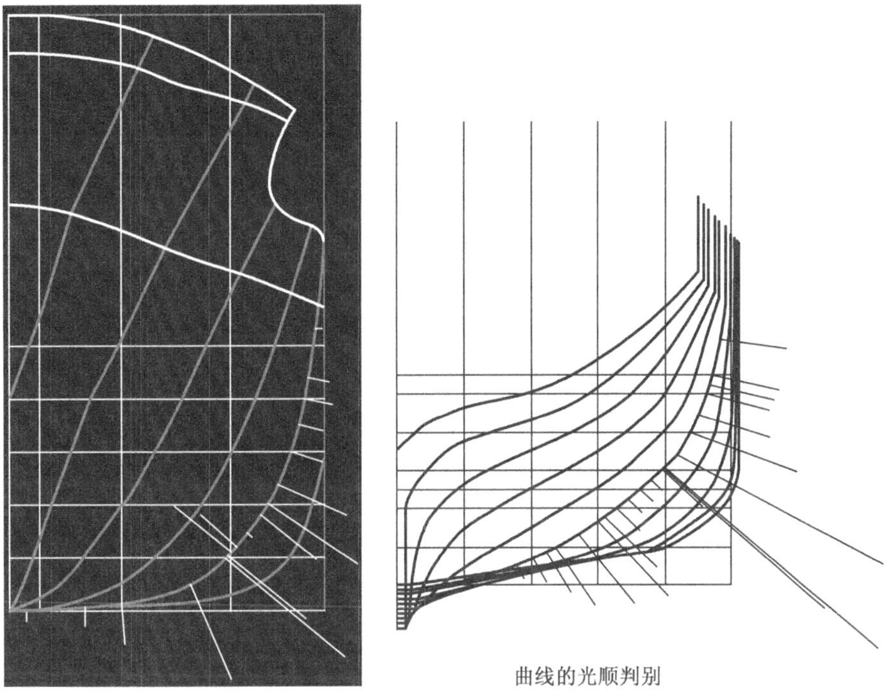

曲线的光顺判别

**图7-32　单根型线型值棒**

图7-32中,选中一根型线(某站的站线)进行光顺,在这根型线上与其自身垂直的地方出现了许多长短不一的线段,我们称这些线段为“曲率棒”,事实上就是该点的圆率。

根据所讨论的曲线光顺性判别的方法,如果出现曲线的弯曲方向发生了连续的改变,则说明有多余拐点。在这里我们可以通过观察“曲率棒”的方向来判断曲线有没有多余拐点,如果曲率棒突然出现在该型线的左侧(内侧),则说明可能有多余拐点存在。

没有多余拐点还不能说曲线就是光顺的,还要继续判断曲率(这里为圆率)变化是否均匀。这里,我们可以通过判断曲率棒长度的变化来判断曲率变化是否均匀。一般情况下,曲率棒的变化应该为:逐渐变长然后逐渐变短;逐渐变短然后逐渐变长;逐渐变短然后通过某设计拐点逐渐变长。

曲线的光顺是一个需要经验的工作,所以是否光顺还需要在操作的过程中不断积累经验。

(2)光顺的方法

这里所说的光顺方法就是不光顺处的调整方法。在实际的操作中,有时候不光顺的现象是非常明显的,通过目测就可以知道存在不光顺的现象,这个时候首先应当检查是不是在输入型值的时候出现了错误,从而导致曲线的局部发生异常变化。

①修改一个型值点

该功能用于光顺修改一条型线上的所有点。按“返回”按钮则回到交互光顺子菜单。如果在返回前修改了型值,则在返回前会出现提示警告对话框,见图 7－33。

这时,若回答“确定”则接受修改并且返回;若回答“否定”则放弃修改,将型线恢复到进入该菜单前的样子后返回;若回答“取消”则不返回,还是回到该菜单中继续修改。

**图 7－33　警告对话框**

通过调整增加一个控制点的位置来使型线光顺往往是无法办到的,因此我们还需要对增加的控制点做修改,直至达到满意的效果为止。除了修改增加的控制点外,对其他的型值点也可以做适当的修改,但是尽可能不要改动格子线上的型值点,因为改动了格子线上的型值点就有可能改变船舶的排水量等,这是不允许的。如果必须改动,改变量也不能大于 ±5%。判断型线是否光顺是根据曲率棒的变化是否均匀和方向是否发生异常改变来判断。

②编辑型值点

各项意义:

· 导数行;

· 型值点表;

· X 类型选择框;

· X 型值框;

· Y 类型选择框;

· Y 型值框。

见图 7－34。

该对话框用于修改与所修改型线相关的所有型值点(包括还没有型值的型值点)。其中 X、Y 是指型线所在投影面上的平面坐标,与离舯、宽度、高度的空间坐标有对应关系。而型值表表号的意义也因型线类别不同对应不同的型值表。

③删除一个型值点

当发现型线的某一个型值点明显引起曲线的不光顺的时候,为了达到光顺的目的,可以将该型值点删除,如果该型值点是与其他剖面型线的交点,则该型值可以在以后重新插值出来,否则只能通过恢复删除的型值点或编辑型值点才能重新得到或设置该型值点。选择删除一个型值点后,出现如下的操作提示:

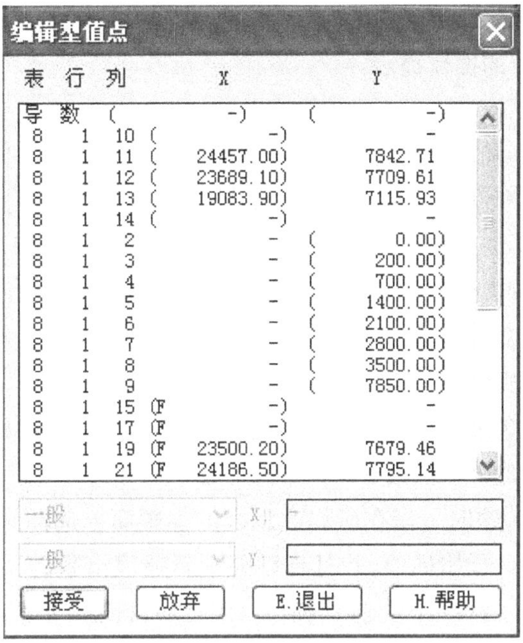


图 7－34　编辑型值点表

选择要删除的型值点/Quit/Help:

进入选点操作选择型值点,这时可以选择任意面上用“ × ”显示的型值点,在选择了一个型值点后出现一个删除确认的提问回答对话框,见图 7－35。

图 7－35　删除型值点对话框

按“确定”按钮确认则删除该型值点,按其他按钮都表示不删除此点,完成回答后,又回到选点操作提示,若要结束删除操作,可以在此时直接按回车键。删除后型线在此点就可以自然回弹,就像手工放样中将压铁提起一样。

上述对话框中的“X 坐标”“Y 坐标”分别为投影面上的平面坐标,“型值表”表示型值点的信息,分别为:D 修改方向、T 表号、所在行 R、所在列 C,以此显示所选的型值点所在的表以及表中位置。

④恢复删除的型值点

此功能用于恢复“删除一个型值点”所删除的型值点。

在单根型线交互光顺菜单中选择恢复删除的型值点后,如果没有删除过型值点,则出现“没有删除了的型值点”提示警告对话框。等待按回车键确认后，回到菜单选择。如果删除过型值点，则出现如下的操作提示：

选择要恢复的型值点/Quit/Help：

进入选点操作选择型值点，此时只能选择删除了的型值点（用蓝色“×”显示），正确地选择了型值点后出现一个恢复确认的提问回答对话框，按“确定”按钮确认则恢复该型值点，按其他按钮都表示不恢复此点，完成回答后，又回到选点操作提示，若要结束删除操作，可以在此时直接按回车键，而如果已经没有可恢复的型值点则自动回到菜单选择。

⑤插值与网格线的交点

此功能用于插值与所修改型线相交的剖面型线的交点型值。

在单根型线交互光顺菜单中选择插值与网格线的交点后，出现如下的操作提示：

选择要与本型线插值的格子线/Undo/Quit/Help：

进入图形选择操作，这时可以在所修改型线的投影面上选择网格线，一次可以选择多根网格线，选择确认后，就开始插值，并且自动显示新插值出来的型值点，修改产生新型值点的剖面线的型线图形，最后又回到操作提示。不选而直接按回车键则返回菜单选择。

⑥增加一个控制点

选择不光顺的型线，在菜单中选择“增加一个控制点”项，在不是格子线的地方增加一个控制点，这样就可以将曲线上局部不光顺的地方做了修改。同时需要注意的是：我们增加的控制点不能在格子线上，因为在格子线上所有的点都已经有了型值，不能再增加了。

在单根型线交互光顺菜单中选择增加一个控制点后，出现如下的操作提示：

确定控制点的位置/Quit/Help：

进入选点操作，这时可以用鼠标或 AutoCAD 的定点功能选定任意一个位置作为控制点位置，而如果已经知道要增加的控制点的型值时可以直接按回车键，进入插入控制点对话框输入操作，直接输入要增加的控制点的型值。控制点加入后，型线图形自动更新，并且马上回到菜单选择操作。

在本系统中由于采用自动排序型值点生成型线，因此其排序效果取决于型值点的分布情况。在一般情况下，自动排序都能圆满地得出正确的型线，但是对于一些弯度特别大的型线（如隧道型船或双体船），如果站距比较大，则会出现不正确的排序，导致型线图形出现错误，这时可以加入控制点来控制型线的排序，以得出正确的型线。

⑦修改控制点类型

对于增加的控制点，有的时候除了要光顺型线外还要用来控制型线在该点处的方向，所以增加的型值点可以通过调整它的类型来得到不同的效果，根据控制点的作用，可以将控制点分成四类：

a. 一般。这种控制点既控制了型线的走向，又使型线通过该点，达到调整型线的作用。

b. 走向。这种控制点只控制型线的走向，型线不通过此点。根据走向的不同，控制方法又可以分走向 X、走向 Y、走向 C。其中走向 X 和走向 Y 目前尚未使用，走向 C 用于现在的自动排序中。

c. 固定。这种控制点除了有一般控制点一样的作用外，其值还是不允许修改的。

d. 折角。这种控制点除了有固定控制点一样的作用外,还使型线在该点产生折角。

控制点的类型可以分别对其 X、Y 分量进行设置,只要其中一个分量的控制类型被设置为走向或折角,则该控制点就是走向或折角点了,而一般和固定类型可以分别对 X 和 Y 分量进行设置。

在型值点顺序出现错误的前一个点的正确方向上加入控制点并且将其控制点类型设置为走向 C,可以改变型值点的排列顺序从而达到调整型线的目的。

另外,虽然型值点顺序没错,但型线在较大空挡处不好,这时也可以在该空挡处加入一个型值点,来调整型线弯曲程度。同时可以将该点的控制类型设置为固定或折角。

注意:并不是所有的点都可以修改其类型,只是针对所增加的控制点才可以修改其类型,这么做的目的主要是调整型线的光顺和控制型线的走向。

其操作方法是:

“S. 选择型线样条”⇒“C. 修改控制点类型”⇒在你选择的型线样条上选择你要修改类型的点。这时系统会将未显示的固定控制点和折角控制点显示出来(用蓝色“×”显示),这样就可以选择所有的控制点了,正确地选择了控制点后进入修改控制点类型,对话框如图 7－36 所示。

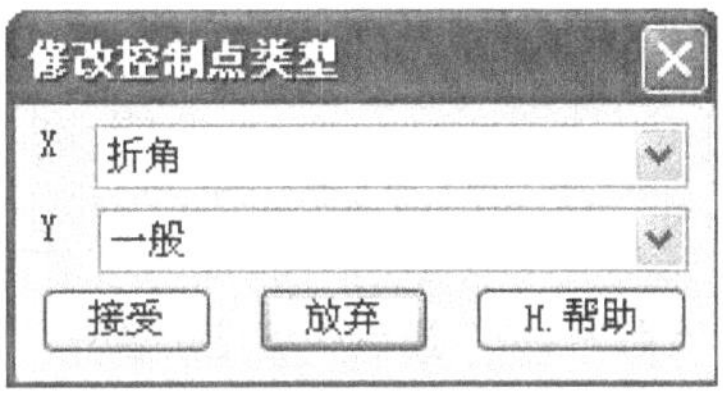


**图 7－36　修改控制点类型对话框**

此对话框中选择 X、Y 方向上的控制类型,控制点的类型在 X、Y 方向上有“一般”“走向 X”“走向 Y”“走向 C”“固定”“折角”6 种。分别选择 X、Y 的控制点类型后继续选择其他要修改的控制点。最后输入 Q 退回到单根型线交互光顺菜单。

当你选择的不是你所增加的点,而是原来型线就存在的型值点的时候,系统会提示所选型值点不是控制点,请再次选择型值点。

如果控制点不是型值点,当设置了控制点后,在下次再选择该型线时,所设置的控制点并不显示。但是如果 X、Y 的类型都是一般的时候,系统认为它就是一个型值点,选择型线时,该型值点是可以显示的。

⑧自动粗光顺整根型线

将整根型线进行粗光顺,并自动更新修改了型值的所有型线的图形。这里所说的粗光顺就是指如果型值点列对应的圆率序列没有正负符号突变,则称此型值点列达到了粗光顺要求。

⑨自动精光顺整根型线

将整根型线进行精光顺,并自动更新修改了型值的所有型线的图形。这里所说的精光顺就是指如果型值点列对应的圆率一次差序列没有正负符号突变,则称此型值点列达到了精光顺要求。因此精光顺必须在粗光顺的基础上才有意义(即如果圆率序列不好,则圆率序列一次差是没有意义的)。

⑩恢复整根型线

选择此菜单后,系统将当前型线恢复成刚进入“单根型线交互三向光顺”菜单时的型值,即取消所有修改。

⑪显示所有型值点信息

此功能用于显示所修改型线的信息和各型值点按在型线上顺序排列的情况。

在单根型线交互光顺菜单中选择显示所有型值点信息后,出现如图 7－37 所示的型值点信息和操作提示:

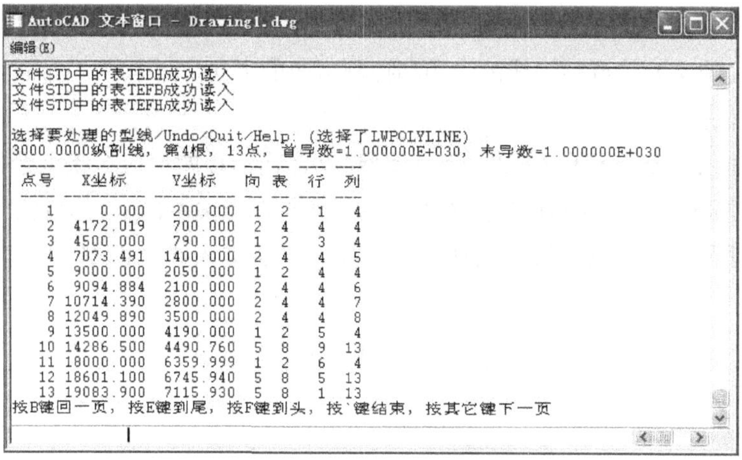

AutoCAD 文本窗口 - Drawing1.dwg

编辑(E)

文件STD中的表TEDH成功读入
文件STD中的表TEFB成功读入
文件STD中的表TEFH成功读入

选择要处理的型线/Undo/Quit/Help: (选择了LWPOLYLINE)
3000.0000纵剖线, 第4根, 13点, 首导数=1.000000E+030, 末导数=1.000000E+030

| 点号 | X坐标 | Y坐标 | 向 | 表 | 行 | 列 |
|---|---|---|---|---|---|---|
| 1 | 0.000 | 200.000 | 1 | 2 | 1 | 4 |
| 2 | 4172.019 | 700.000 | 2 | 4 | 4 | 4 |
| 3 | 4500.000 | 790.000 | 1 | 2 | 3 | 4 |
| 4 | 7073.491 | 1400.000 | 2 | 4 | 4 | 5 |
| 5 | 9000.000 | 2050.000 | 1 | 2 | 4 | 4 |
| 6 | 9094.884 | 2100.000 | 2 | 4 | 4 | 6 |
| 7 | 10714.390 | 2800.000 | 2 | 4 | 4 | 7 |
| 8 | 12049.890 | 3500.000 | 2 | 4 | 4 | 8 |
| 9 | 13500.000 | 4190.000 | 1 | 2 | 5 | 4 |
| 10 | 14286.500 | 4490.760 | 5 | 8 | 9 | 13 |
| 11 | 18000.000 | 6359.999 | 1 | 2 | 6 | 4 |
| 12 | 18601.100 | 6745.940 | 5 | 8 | 5 | 13 |
| 13 | 19083.900 | 7115.930 | 5 | 8 | 1 | 13 |

按B键回一页, 按E键到尾, 按F键到头, 按`键结束, 按其它键下一页

**图 7－37　显示型值点信息表**

所显示的型值点不包括首末端直线段部分的型值点。“向”表示修改方向,“表”表示表号,“行”表示行号,“列”表示列号。

## 7.6　舷墙顶线过渡曲线处理

前面讲了单根型线光顺的方法,现在就可以对 8 站到 9 站之间舷墙顶线的过渡曲线部分进行处理了。根据型线图中提供的信息,要通过增加控制点,修改控制点的类型及 CAD 的交互功能来完成。在菜单中选择“增加一个控制点”项,要在不是格子线的地方增加一个控制点,因为在格子线上所有的点都已经有了型值,不能再增加了。

### 7.6.1　舷墙顶线过渡圆弧的绘制

分析过渡曲线的几何尺寸,折角点距 9 站 1 750,高度上距上甲板边线 1 900,过渡曲线是半径为 4 000 的一段圆弧,在 8 站处与舷墙顶线的型值点重合。

通过 CAD 的交互功能,找到符合条件的点,用点 1 表示,舷墙顶线与 8 号站线的交点用点 2 表示,过点 1 及点 2 作半径为 4 000 的圆弧,如图 7－38 所示。

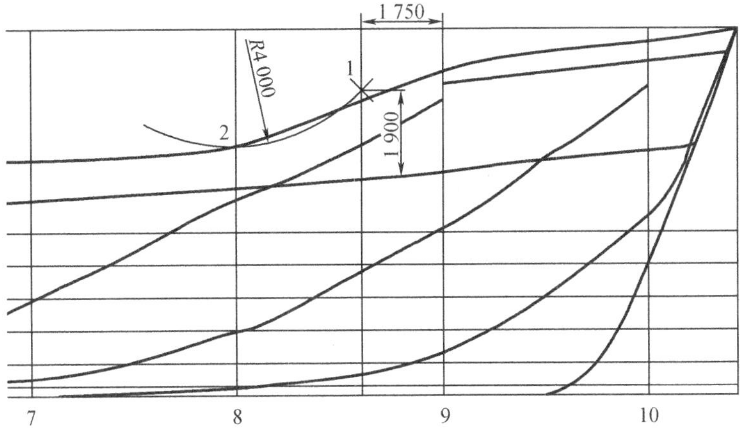


图 7－38　舷墙顶线折角圆弧绘制

增加一个控制点,其操作方法是:

“S. 选择型线样条”⇒“P. 增加一个控制点”⇒在你选择的型线样条上选择你要增加的控制点。为使点 1,2 之间的舷墙顶线与半径为 4 000 的圆弧线重合,选择增加的控制点为 1 点,然后再增加点 1 与点 2 之间圆弧上的一个切点或中间点 3,如图 7－39 所示。

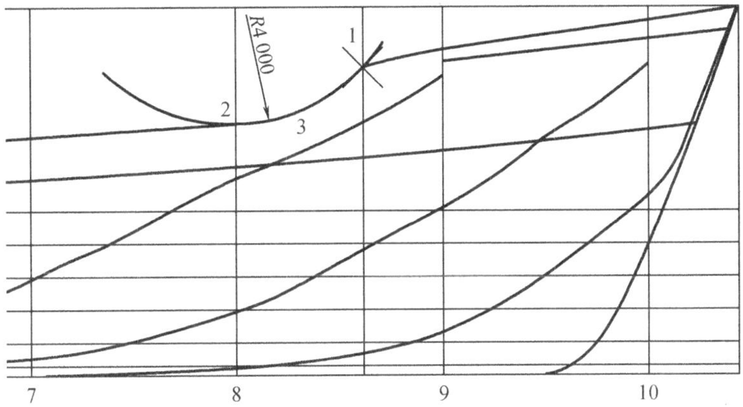


图 7－39　舷墙顶线折角处增加控制点

增加控制点结束后键入 Q 及回车键回到上一级。

为控制型线光顺及型线的走向,还要修改控制点的类型,选择型线样条中的“C. 修改控制点类型”,选择点 1,出现如图 7－40 所示对话框,修改其控制类型,X 为“折角”不变,Y 改为“折角”,点击接受后键入 Q 返回。

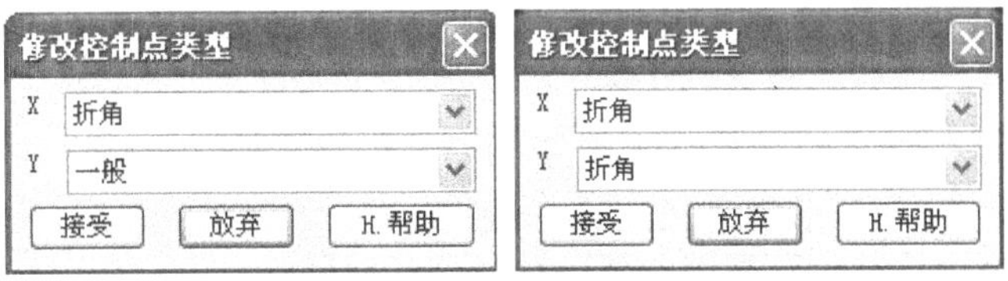


图 7－40　修改控制点类型

对于新加的两个控制点 1 和 3，因为是在纵剖线图中增加的，只有距舯值和高度值，没有半宽值，所以还需要将半宽值填入空间线控制点表中的第 6 和第 7 个控制点。半宽值怎样得到呢？要根据三视图中点的投影一致性从半宽水线图中找到并测量出来。

在半宽水线图上根据型线的光顺性，延长舷墙顶线与 1 点的投影线相交于 1′点，测量 1′点的半宽值，将其填入空间线控制点表中对应点，此时 1′点的距舯值、高度和半宽值就全了，就可以进行三向控制了。利用 CAD 的交互功能，在半宽水线图上找出 3′点，在确定 3′的半宽值时要注意观察横剖线图过渡曲线的投影，反复修改直至横剖线图和半宽水线图中的曲线光顺，投影一致为止，将确定好的 3′点的半宽值填入空间线控制点表中对应点，此时舷墙顶线就完成了。在纵剖线图的过渡圆弧上定的点多，绘制的过渡曲线的精度就高，由于过渡曲线通常较短，所以一般定出 1～2 点即可，见图 7－41。

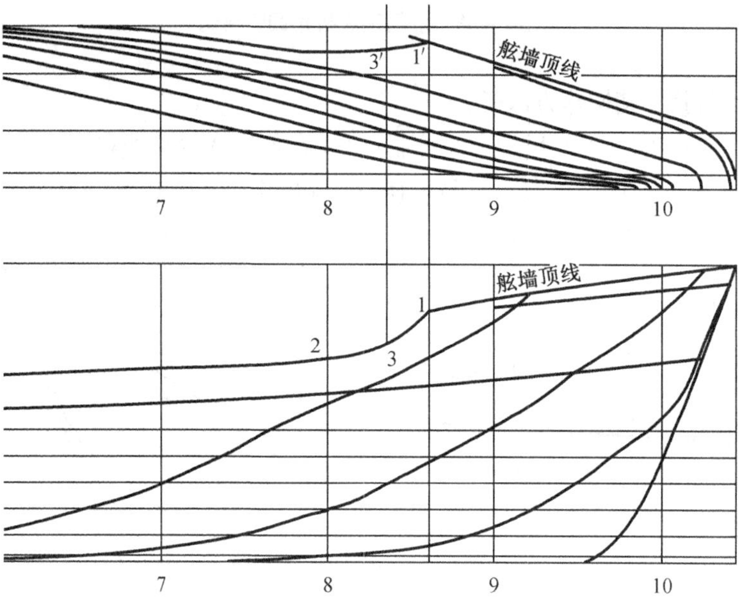


**图 7－41　测量 3 点半宽值**

## 7.6.2　艏楼甲板边线处理

对于艏楼甲板边线也要通过增加控制点的方法延伸，增加的控制点为 4，利用同样的方法找到艏楼甲板边线上的点 4 和 4′，将距舯值、高度和半宽值填入空间线控制点表中对应点，完成的型线图如图 7－42 所示。

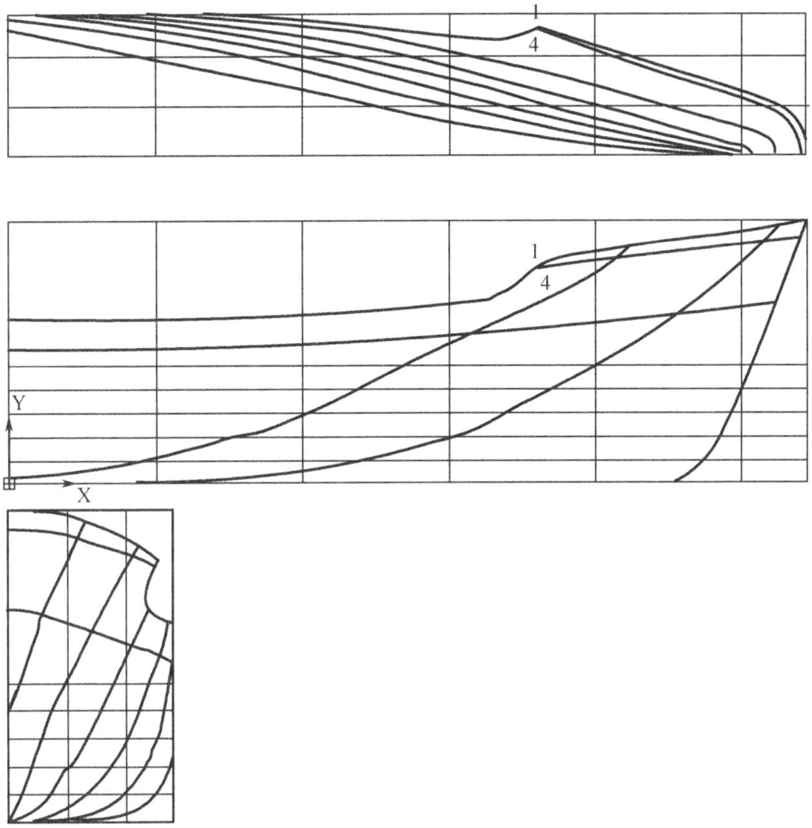


图 7 – 42　舷墙折角处理后型线

## 7.7　光 顺 型 线

### 7.7.1　型线成型

通过上面的若干步操作型线已经基本成型了,但是还是有许多位置与原始型线有很大的区别,这个我们可以通过与原始型线图对照得到,可以将原始型线图(电子图形)与现在生成的图形放在一起对照。

为了让型线图更好调整,也为了型线图的准确,需要在船体比较复杂的区域增加型线以达到更细致的目的。可以增加水线、纵剖线和站线。

在“L. 定义编辑型线”中选择增加水线(如 200 水线)和纵剖线(如 400 纵剖线)及站线(如 2 250 站线),这样这些型线在相应的型线图中就可以出现了,但是还没有建立三向联系。这时,选择“I. 插值网格线”,接受插值结果后型线生成完成,见图 7 – 43。

通过上述操作,就相当于得到了加密的型线,这对型线的三向光顺有很大的帮助。

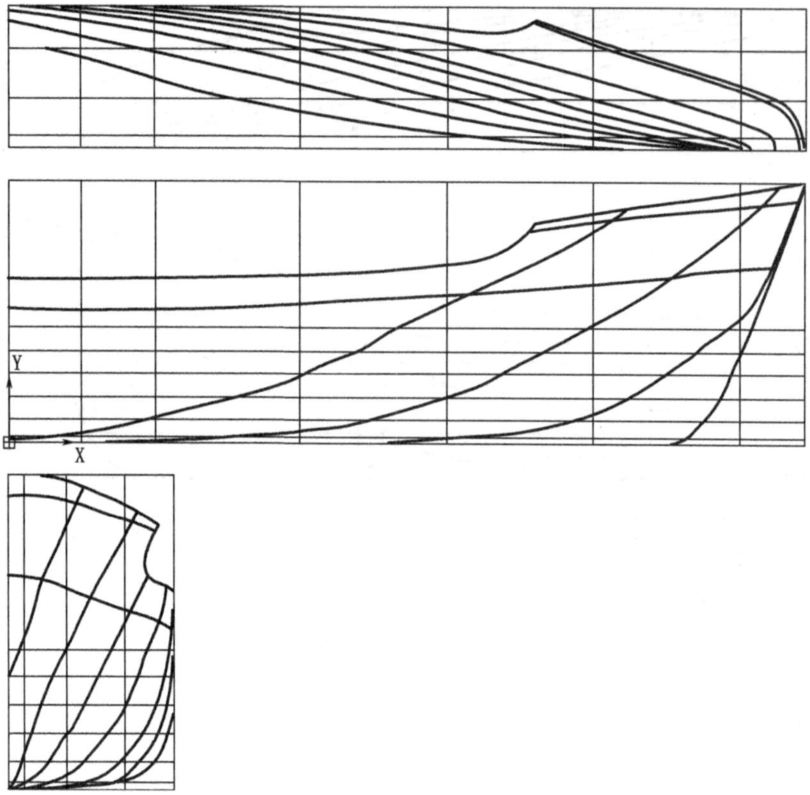


图 7-43　加密型线的型线图

## 7.7.2　光顺前处理

前面生成的型线显然不能满足工程光顺的要求，需要进行光顺的调整。我们知道样条曲线的形成不仅仅与通过的型值点有关，端点条件的确定也至关重要。这些端点都是在船体的边界线上，所以在型线三向光顺以前，必须先对边界线进行光顺，这就是所谓的光顺前处理。

本系统提供了一些特殊船型的自动处理功能，利用这些功能就可以在三向光顺之前对船体进行预处理以使三向光顺得出满足船型的结果。另外，为了保证三向光顺顺利进行，船体边界线在三向光顺时是不会修改的，这些型线也需要在三向光顺之前进行处理。在本系统中，将上述两个处理功能合并起来，叫作前处理功能。在前处理中可以处理的边界线有：基线、中纵剖线、边平线等。同时它可以进行特殊船型型线处理：艉封板线、空间线、水线圆头切点线、底平升高线等，另外还可以进行水线站线的二向光顺。

在"交互三向光顺系统主菜单"中选择"P. 前处理"进入如图 7-44 所示界面。

D. 显示修改情况：若设置此选项，则在前处理完成后显示前处理过程中所有修改过的型值的型值表位置及其修改量和每次修改的情况(光顺修改情况)。

B. 底平线：若设置此选项，则将进行基线、底平线的光顺处理，并且在光顺结束后自动插值所有纵剖线与它们的交点作为纵剖线的首点。

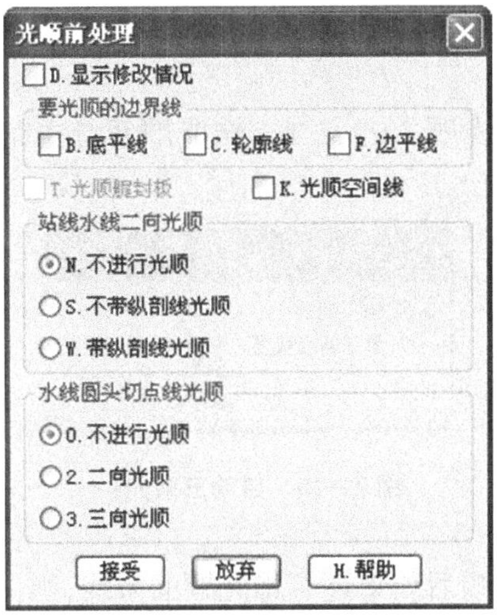


**图 7-44　光顺前处理界面**

这样就得到了纵剖线在舯部的端点条件。我们知道在船体的中部有平底,从而有了底平线,通过光顺底平线可以得到纵剖线的起点条件(型值和导数)。

F. 边平线:若设置此选项,则将进行边平线的光顺处理,并且在光顺结束后自动插值所有水线与它的交点作为水线的首点。

我们知道,边平线就是用船体的最大半宽平面与船体相切得到的切线,这一切线所在的位置也正是水线的起点位置,通过光顺边平线就相当于得到了水线起点的端点条件(型值和导数)。

C. 轮廓线:若设置此选项,则将进行轮廓线(中纵剖线)的光顺处理,并且在光顺结束后自动插值所有水线与它的交点作为水线的末点。

进行轮廓线的光顺,就是对 0 号纵剖线进行光顺,光顺后就可以得到水线的末端与中纵剖线的交点。

T. 光顺艉封板:若设置此选项,则将进行艉封板的光顺处理,并且在光顺结束后自动插值所有水线、所有纵剖线与艉封板交点的离舯值。本界面中是灰色的,不可用,因为我们设置的是船艏。

K. 光顺空间线:若设置此选项,则将进行空间线的光顺处理,光顺所有空间线,并且在光顺结束后自动插值所有水线、所有纵剖线与空间线的交点。

这样可以得到水线与龙骨线、纵剖线与甲板边线及舷墙顶线的交点,也就是说得到了水线和纵剖线的末端点的端点条件。

在手工放样中,对于型线的光顺是从光顺边界线开始的。数学放样是手工放样的数值描述,所以数学放样也是从光顺边界线开始的。

对上述边界线的光顺既是对型线边界条件的形成,也是进行三向光顺的开始和基础。

到现在为止,前半艘的船体型线已经成形了,可以进行后半艘的操作,其操作方法与前半艘类似,这里就不再赘述。

### 7.7.3 三向光顺

对所有的型线进行三向光顺，在“交互三向光顺系统主菜单”中选择“A. 自动三向光顺”进入如图 7－45 所示界面。

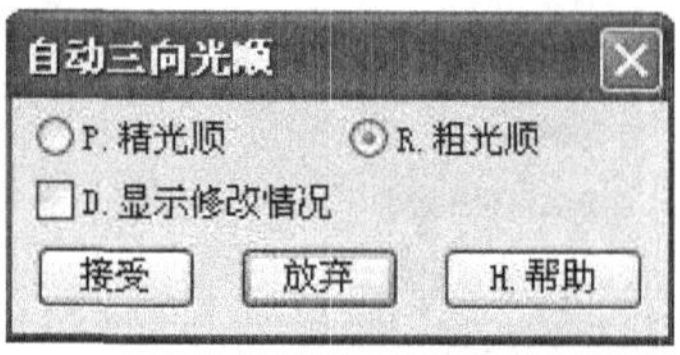


图 7－45　自动三向光顺

先粗光顺，再精光顺，光顺后如果还有不光顺的型线，则需进行手工光顺，即单根型线进行光顺，这就要看个人的经验了。光顺的方法见前面单根型线的光顺。

三向光顺通过后，就可以进行肋骨线的光顺了。

## 7.8 肋骨线生成

当船体型线三向光顺通过后，接下来就是进行肋骨型线的定义和生成。在生成肋骨以前首先要对肋距肋位进行定义。

### 7.8.1 定义肋距

点击“L. 定义编辑型线”进入“设置型线”界面。在右侧的“型线类型”中选择“F. 肋骨线”。在“新 F 肋骨线”中输入肋号；在“P. 间距”中输入肋骨间距。

在型线图中一般不给出肋号和肋距，要获得这一信息往往需要在给定的基本结构图中寻找。在基本结构图中可以得到：全船肋骨间距为 550 mm，分布为 －5 至 82，0 号肋位在 0 号理论站后 250 mm，－5 至 41 号肋位分布于后半艘，41 号肋位距船舯 250 mm，42 至 82 号肋位分布于前半艘，42 号肋位距船中 300 mm，我们要做的定义肋骨线工作就是告诉系统肋骨号和相应的肋距。

定义方法：在“新 F 肋骨线”中输入 42，表示 42 号肋骨；在“P. 间距”中输入 300，表示从船中开始到 42 号肋骨其肋距为 300 mm，敲回车键，或点击“A. 增加新型线”，则一根肋骨定义完成；再在“新 F 肋骨线”中输入 82，表示 82 号肋骨，在“P. 间距”中输入 550，表示从 42 号肋骨到 82 号肋骨其肋距为 550 mm。敲回车定义完毕。

这就完成了前半艘的肋骨肋距的定义，见图 7－46。

若为船尾部分，则是在“新 F 肋骨线”中输入 －5，表示 －5 号肋骨；在“P. 间距”中输入 550，敲回车键，或点击“A. 增加新型线”则一根肋骨定义完成，表示从 －5 号肋骨开始向船中的肋距为 550 mm，再在“新 F 肋骨线”中输入 41，表示 41 号肋骨，在“P. 间距”中输入 250，表示 550 mm 的肋距到 41 号肋骨结束，41 号肋骨距舯 250 mm，敲回车定义完毕。

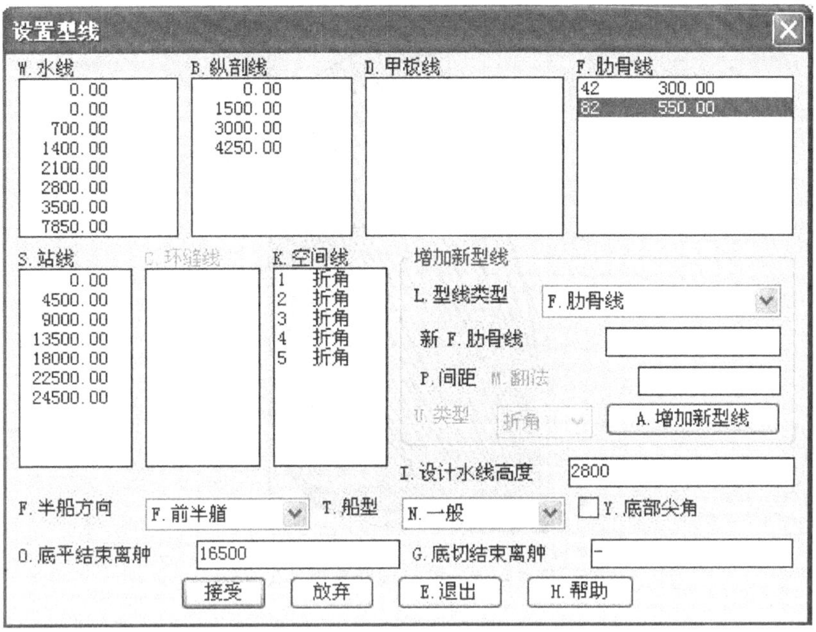


**图 7-46　肋骨线设置**

可以看出,这里定义肋骨就是告诉系统各肋骨之间的肋距是多少,但要注意船首、船尾部分定义的不同。

例如:某船肋号从 -1 号开始,到 61 号结束。# -1 ~ #0 肋距为 500 mm;#0 ~ #1 肋距为 200 mm;#1 ~ #61 肋距为 500 mm,28 号肋骨是分舯肋骨。试定义其肋骨线。

船尾定义方法:在“新 F 肋骨线”中输入 -1,表示 -1 号肋骨;在“P. 间距”中输入 500,表示从 -1 号肋骨开始其肋距为 500,敲回车键,再在“新 F 肋骨线”中输入 0,表示 0 号肋骨,在“P. 间距”中输入 200,表示从 0 号肋骨开始其肋距为 200 mm,敲回车定义完毕,再在“新 F 肋骨线”中输入 1,表示 1 号肋骨,在“P. 间距”中输入 500,表示从 1 号肋骨开始其肋距为 500 mm,敲回车定义完毕;再在“新 F 肋骨线”中输入 28,表示 28 号肋骨,在“P. 间距”中输入 0,表示从 28 号肋骨为最后一个肋骨,为最靠舯肋骨,敲回车定义完毕。

船首定义方法:在“新 F 肋骨线”中输入 28,表示 28 号肋骨;在“P. 间距”中输入 0,表示从船舯开始到 28 号肋骨其肋距为 0,敲回车键,再在“新 F 肋骨线”中输入 61,表示 61 号肋骨,在“P. 间距”中输入 500,表示从 28 号肋骨开始至 61 号肋骨其肋距为 500 mm,敲回车定义完毕。

## 7.8.2　肋骨生成

定义完肋骨后,在“交互三向光顺系统主菜单”中点击“G. 生成肋骨型值表”,可以发现在横剖面图中,一根根肋骨型线自动出现了,如图 7-47 所示。

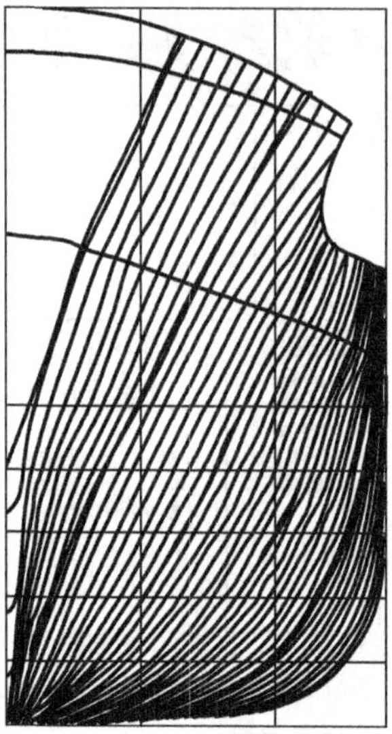

**图 7－47　前半艘肋骨型线图**

生成肋骨完毕后，存储船体型值表。等再一次读取船体型值表的时候，我们可以发现船舶的形态 FBN，而原来的形态为 SBN。这里的 F 表示存在了肋骨。

生成肋骨型值后，设置型线对话框中的"F. 肋骨线"处为灰显，见图 7－48，表示已经生成肋骨型值，不允许删除肋骨线重新进行定义，此时如果发现肋骨线定义错误，就需要对有关数据文件直接进行编辑，或删除所有与肋骨定义有关的数据文件。

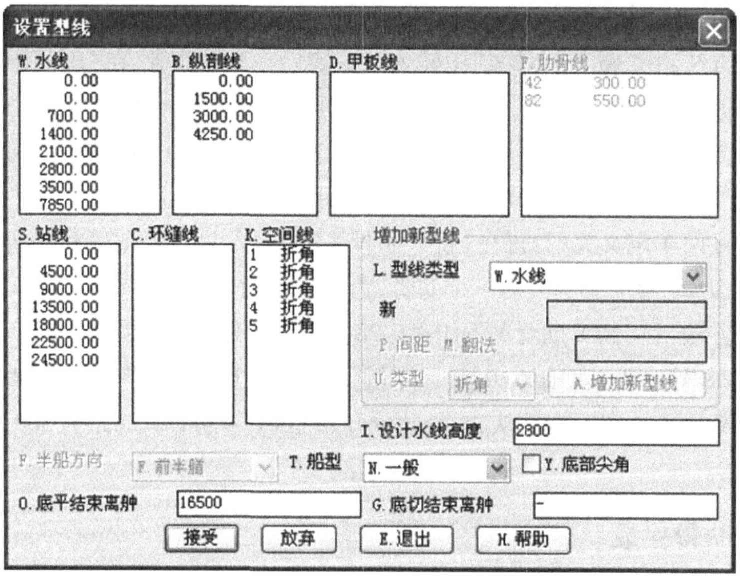


**图 7－48　肋骨线设置后的设置型线表**

点击主菜单上的"显示控制"，可以看到"P. 处理肋骨"已经变得可用了，在其属性框中选中"处理肋骨"，接受后进入"三向交互光顺系统主菜单"，此时，可发现交互三向光顺系统主菜单和以前的不同，主要是处理肋骨的，见图 7－49。

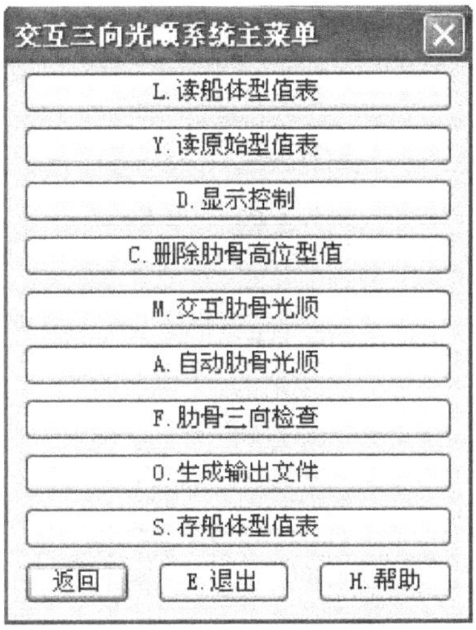


**图7-49　处理肋骨菜单**

# 7.9　肋骨线处理

肋骨型值是通过对横剖线的插值得来的,这也就是说肋骨型线的好坏取决于型线的好坏,型线的不光顺往往会导致肋骨型线的不光顺,如果型线的光顺做得不好,那么刚刚生成的肋骨型线肯定是很不光顺的,因此必须对它进行光顺处理。

## 7.9.1　肋骨线转站线

点击"M.交互肋骨光顺",进入"交互肋骨光顺"菜单。我们知道船体的型线不是一根根孤立的线条,而是相互联系、互相牵制的三向光顺曲线。通过定义肋骨位置来插值得到的肋骨型线很显然还没有进入三向光顺,为了更好地光顺肋骨型线,我们往往采用把一些不光顺的部位、曲线变化较大的部位、典型的部位的肋骨线转变成站线,然后再进行三向光顺。这个操作称为"肋骨线转站线"。

点击"O.肋骨线型转站线",进入如图7-50所示界面。

双击右侧的肋骨号,则该号肋骨线就会转换成相应的站线。从本质上讲肋骨线和站线都是一样的,即都是船体的横向剖面线,所以将肋骨线作为站线来处理是完全可以的。

将肋骨线转换成站线以后,所进行的光顺操作与前面讲的型线的光顺操作是相同的。

在这里我们还需注意,并不是将所有的肋骨线都转换成站线来进行光顺,对于一般的肋骨是不需要的,只有那些比较复杂位置的肋骨和比较典型的肋骨(如艏、艉及舯部的几根肋骨)才需要转换。

**图 7-50　肋骨转站线表**

## 7.9.2　肋骨线的光顺

除了将肋骨线转换成站线进行三向光顺外，对于大部分没有转换成站线的肋骨线，我们可以选取该肋骨型线，通过增加一个型值点、删除一个型值点等方法来进行光顺，其方法与单根型线的交互光顺方法是一样的，这里就不再赘述了。但是值得注意的是这里的肋骨线的光顺不是进行的三向光顺，在光顺肋骨型线时对其他的两个剖面的图形并没有影响，肋骨线的三向光顺是通过肋骨三向检查来实现的。

## 7.9.3　肋骨三向检查

通过上述的方法对肋骨型线进行一系列的光顺处理后，肋骨型线已经基本满足了光顺的要求，这个时候就可以进行肋骨三向检查了。

“交互三向光顺系统主菜单”→“F. 肋骨三向检查”。

肋骨型线除了转换成站线的外，其他肋骨线都是没有参与三向光顺的，但是，是不是肋骨型线不要求三向光顺呢？其实不然，肋骨型线也同样要求有三向光顺性。

我们知道肋骨线从几何意义上说它和站线同样为船体的横向剖面线，可以认为是加密了的站线。在光顺肋骨型值时，对肋骨型值的调整的同时也会对其他的两个剖面产生影响。

在进行型线光顺调整时，在一个剖面上调整一个型值点，在其他两个剖面上相应的点也随之发生改变。而在进行肋骨型值光顺调整时，由于肋骨型线没有建立起三向联系，所以在调整光顺肋骨型线时，其他两个剖面并没有发生任何变化，但是它们的影响还是存在的，只是没有显现出来而已。我们进行肋骨三向检查就是为了检查肋骨型线的光顺对水线和纵剖线的影响，也就是检查肋骨型线的三向光顺性。

肋骨三向检查用于检查光顺后的肋骨线是否满足三向光顺，进入此菜单后，系统显示如下的提问对话框,见图7－51。

**图7－51　肋骨三向光顺提问对话框**

回答"确定"则进行三向检查,并且在检查结束后显示光顺修改情况;回答"否定"则进行三向检查但不显示光顺修改情况;如果回答"取消"则不进行三向检查。最后都回到主菜单。

系统显示三向检查后带肋骨型值的水线面和纵剖面上的所有型线,并且将有修改的型线用黄色显示。检查完成后,若有修改,则系统显示如下的提示警告对话框,见图7－52。

若无修改,则系统显示如下的提示警告对话框,见图7－53。

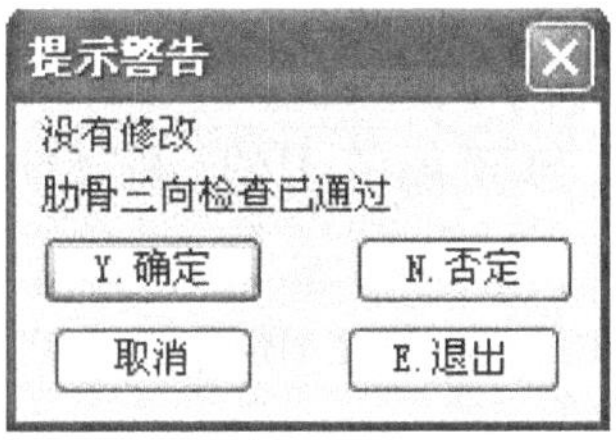


**图7－52　肋骨三向光顺提示对话框**

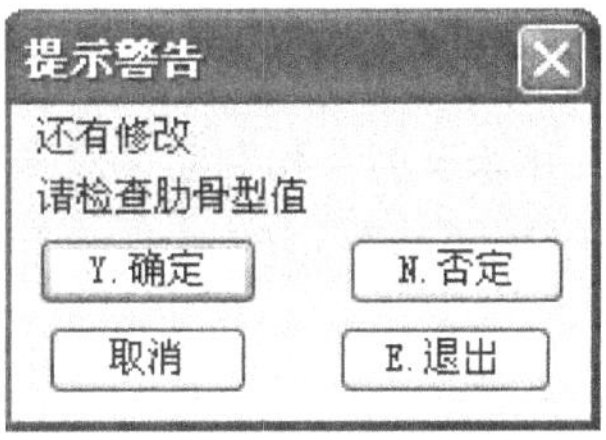


**图7－53　肋骨三向光顺通过提示对话框**

这表明肋骨满足了三向光顺性。

此时可选"退出"按钮暂时退出本系统,对带肋骨型值的三向型线进行观察等处理,选其他按钮系统都删除带肋骨型值的水线和纵剖线,然后回到主菜单。

肋骨三向检查完成后,系统会生成两个输出文件"FHW船名.DAT"和"FHB船名.DAT",它们分别是肋骨型值点的水线面样条文件和纵剖面样条文件。

### 7.9.4　生成输出文件

肋骨三向检查通过后,要进行生成输出文件,生成完整的肋骨型线样条文件,为后面的型线后处理、结构系统和外板系统提供前期的准备文件。

在"交互三向光顺系统主菜单"中选择"O.生成输出文件",见图7－54。

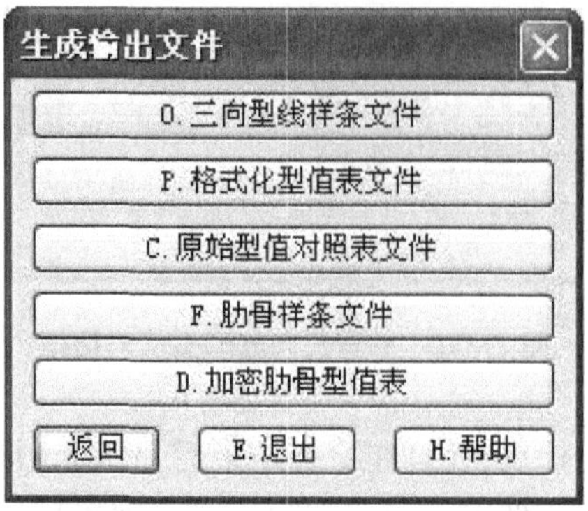


**图 7－54　生成输出文件对话框**

1. 三向型线样条文件

用于生成站线型值在水平面、纵剖面、横剖面上的所有型线的样条文件，文件名分别为：水平面“SLW 船名. DAT”、纵剖面“SLB 船名. DAT”、横剖面“SLS 船名. DAT”。前面肋骨三向检查后生成的肋骨型值点的水线面样条文件和纵剖面样条文件“FHW 船名. DAT”和“FHB 船名. DAT”，在此时更名成“SLW 船名. DAT”和“SLB 船名. DAT”。

2. 格式化型值表文件

将各个型值表按表格形式输出到文件“TAB 船名. DAT”中。

3. 肋骨样条文件

生成肋骨型值的横剖面上的所有型线的样条文件“DFF 船名. DAT”。

4. 加密肋骨型值表

进入加密肋骨型值表操作，生成加密肋骨型值表文件“TFM 船名. DAT”。

一般情况下只选用“三向型线样条文件”和“肋骨样条文件”。点击后系统自动生成所需要的各种文件。这些文件就是完整的肋骨型线样条文件，可在你新建的文件夹 yh15 中进行查看。

## 7.10　型线生成小结

通过前面的各项操作，型线已基本满足了光顺的要求，可查看新建的文件夹 yh15 里面形成的船舶信息文件，这对以后系统的使用有用处。形成的船舶信息文件如下：

(1) ADP 船名. DAT

(2) AFO 船名. DAT

(3) AMT 船名. DAT

(4) DFF 船名. DAT　　＊＊＊肋骨样条文件＊＊＊

(5) FB 船名. DAT　＊＊＊肋骨宽度型值文件＊＊＊

(6) FD 船名. DAT

(7) FH 船名. DAT　＊＊＊肋骨高度型值文件＊＊＊

(8)FHB 船名.DAT　＊＊＊肋骨型值点的纵剖面样条文件＊＊＊

(9)FHW 船名.DAT　＊＊＊肋骨型值点的水线面样条文件＊＊＊

(10)FMB 船名.DAT

(11)FMH 船名.DAT

(12)FN 船名.DAT　＊＊＊肋号文件＊＊＊

(13)OUT 船名.DAT

(14)SBD 船名.DAT　＊＊＊纵剖线信息＊＊＊

(15)SBI 船名.DAT　＊＊＊船型基本信息文件＊＊＊

(16)SDD 船名.DAT

(17)SDI 船名.DAT　＊＊＊站线离舯、水线高、纵剖宽信息＊＊＊

(18)SDK 船名.DAT

(19)SID 船名.DAT

(20)SKD 船名.DAT

(21)SLB 船名.DAT　＊＊＊站线型值纵剖面上的所有型线的样条文件

(22)SLS 船名.DAT　＊＊＊站线型值在横剖面上的所有型线的样条文件

(23)SLW 船名.DAT　＊＊＊站线型值在水平面上的所有型线的样条文件

(24)SOD 船名.DAT

(25)SSD 船名.DAT

(26)STD 船名.DAT

(27)SWD 船名.DAT　＊＊＊水线信息＊＊＊

(28)TAB 船名.DAT　＊＊＊各个型值表按表格形式输出的文件＊＊＊

(29)TFM 船名.DAT　＊＊＊加密肋骨型值表文件＊＊＊

(30)TMM 船名.DAT　＊＊＊原始型值对照表文件＊＊＊

这些文件可利用写字板打开,查看并进行编辑,这里面的每个文件与在系统中型线生成填写的每个表格有对应的关系。

# 第 8 章　150 t 冷藏船后半艘(船尾)型线生成

## ● 知识目标

1. 掌握 HD－SHM 系统船体艉部轮廓线数据的处理及轮廓线生成方法；

2. 掌握 HD－SHM 系统船体艉部艉封板的生成方法；

3. 掌握 HD－SHM 系统船体艉部肋骨线的生成方法。

## ● 能力目标

培养 HD－SHM 系统船体建模数据识读、转换能力。

## ● 素养目标

1. 通过 HD－SHM 系统船体建模中型线数据的处理，培养学生严谨的治学态度和精益求精的工匠精神；

2. 通过 HD－SHM 系统船体建模，培养学生团队协作、沟通交流、解决问题的意识及能力。

## 8.1　后半艘型线概述

建立后半艘船，船名为 a02，与前半艘船 a01 存入同一文件夹 yh15，设置型线时注意“F. 半船方向”和“T. 船型”分别选择后半艘和艉封板，将型值表里的数据信息输入，注意艉封板的数据先不要填，见图 8－1。

通过显示控制得到图 8－2。从此图可以看出，还需要处理艉封板、0 号纵剖线以及舷墙顶线、外板顶线和艉楼甲板边线在 3 站与 2 站之间的型线。

纵剖线(0,1 500,3 000)、水线的生成(水线圆头的处理)与艏部的操作一样。

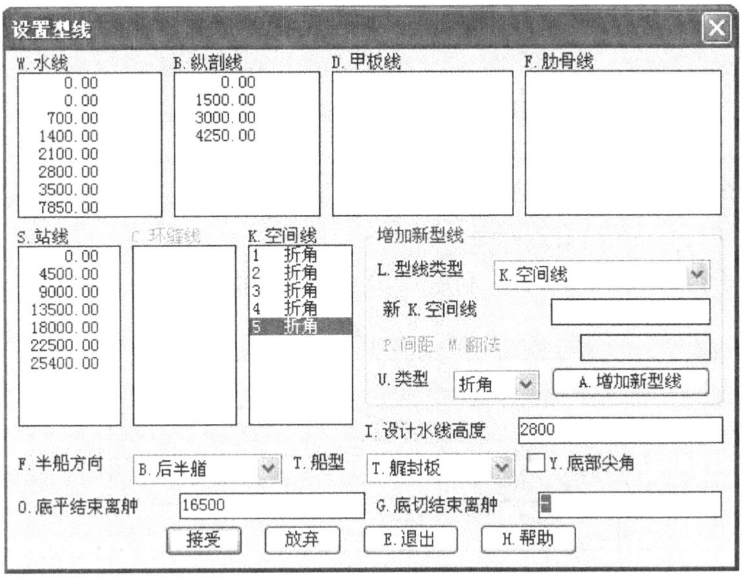


**图 8－1　艉部型线设置**

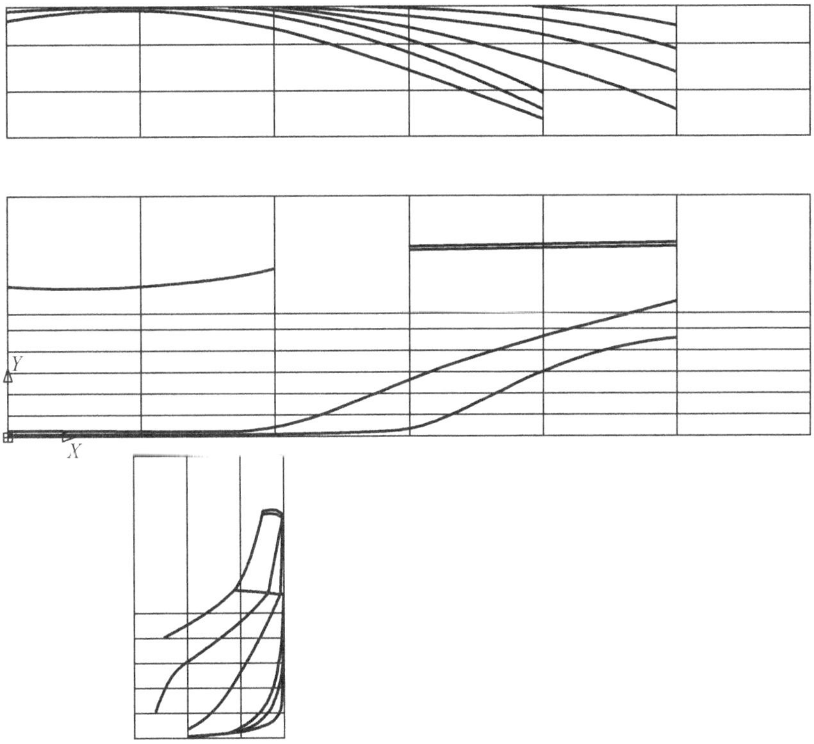


**图 8－2　输入型值后的后半艘型线图**

## 8.2 艉轮廓线的生成(0 号纵剖线)

船首的型线生成之后,即可进行船尾的型线设置。其方法与艏部型线的生成一样,就是艉部轮廓线(0 号纵剖线)有点麻烦。

按照原电子型线图给定的尺寸,利用 CAD 的交互功能,画出图 8 - 3:

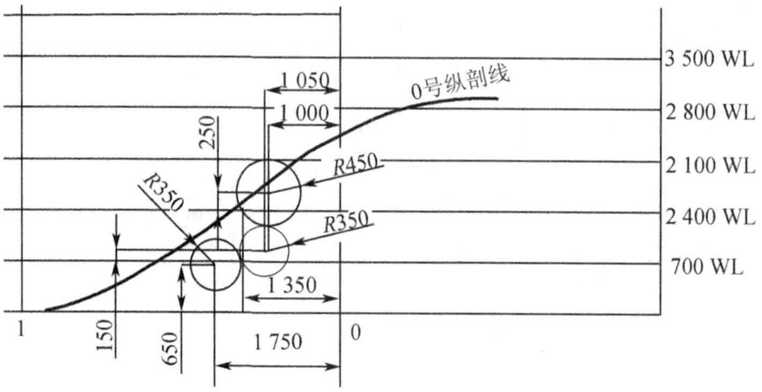


**图 8 - 3　CAD 画出的艉部轮廓**

通过选择型线样条增加控制点的菜单功能,增加如图 8 - 4 所示 9 个控制点,其中 1,9 点为切点,3,6,7 点为象限点,4,5 点为距 0 号站线 1 350 的直线与半径为 450 和 350 两个圆的交点,点 2 为点 1 和点 3 之间的一个点,点 8 为点 7 和点 9 之间的一个点,增加控制点完毕后,再将 4,5,6,7 控制点的类型修改为折角,选择重新显示即可得到如图所示的 0 号纵剖线。其中艉轴中心线距基线的高度为 1 200。

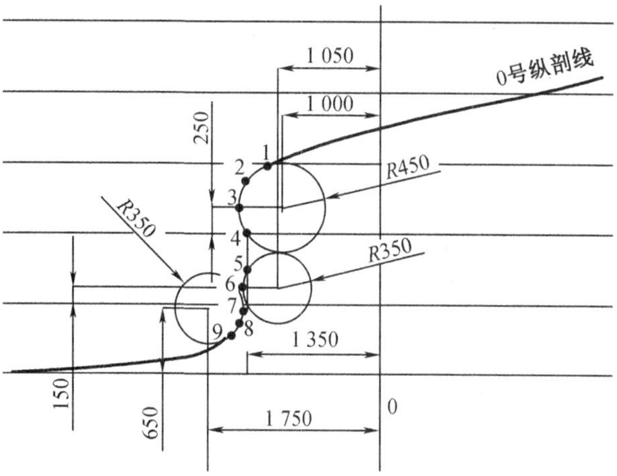


**图 8 - 4　艉部轮廓线增加控制点位置**

# 8.3 舷墙顶线处理

舷墙顶线的折角处绘制,见图 8 - 5。

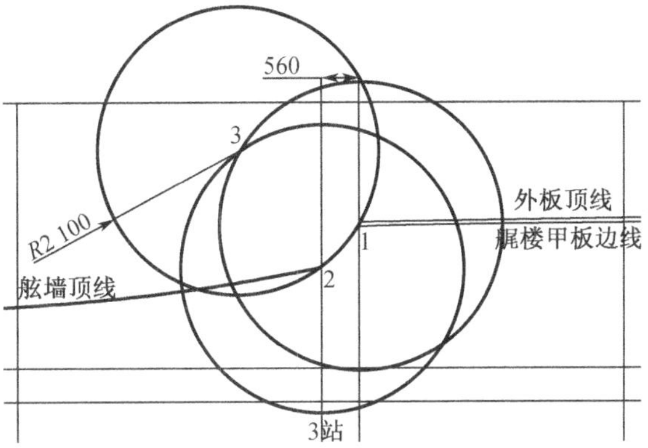


**图 8 - 5　艉部舷墙顶线折角生成**

作一条距离 3 号站线 560 的直线,延长外板顶线和艉楼甲板边线到此直线,其中艉楼甲板边线与其相交于 1 点,舷墙顶线与 3 号站交于 2 点,分别以 1 和 2 点作半径为 2 100 的圆,两圆相交于 3 点,以 3 点为圆心,作相同半径的圆弧。这几步工作完成后,在舷墙顶线上增加控制点 4,5,1,6,使其在 3 站附近沿圆弧 1,2 两点间光顺过渡。在外板顶线和艉楼甲板边线上分别增加控制点 6,1,如图 8 - 6 所示。

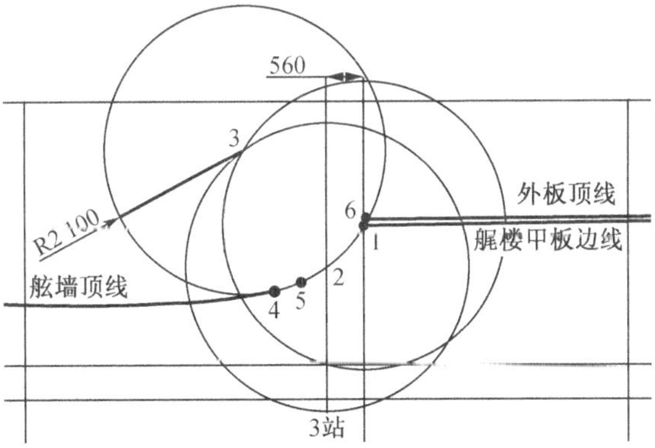


**图 8 - 6　艉部舷墙顶线增加控制点位置**

完成的舷墙顶线、外板顶线、艉楼甲板边如图 8 - 7 所示。

返加空间线控制点表,可以发现所加的控制点只有距舯值和高度值,将所加点的半宽值 4 250 填入,这样所加点才可以三向控制,如图 8 - 8 所示。

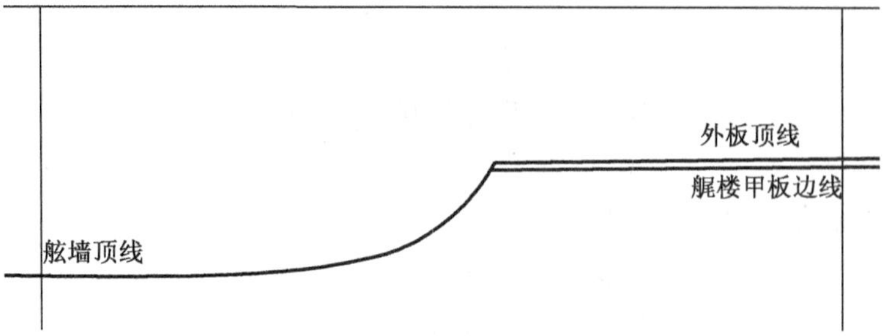


**图 8－7　处理后的舷墙顶线**

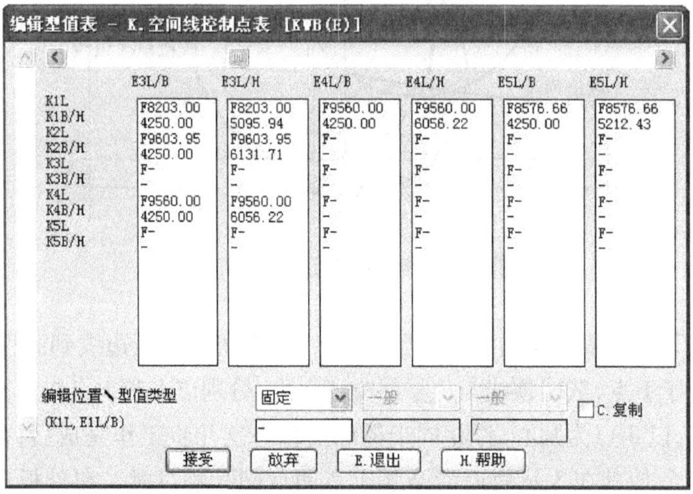


**图 8－8　补全空间线控制点表**

## 8.4　艉封板的生成

当船有艉封板时，应该首先将船型信息中的船型设置成艉封板型，然后将艉封板首点的半宽填入第一根水线的第四个控制点中（其离舯不能填写），将其离舯和高度填入中纵剖线的第二个控制点中，将艉封板的斜率填入中纵剖线的末导数中，将艉封板与各水线交点的半宽填入水线第三个控制点中，将艉封板与各纵剖线交点的高度填入纵剖线第二个控制点中，将艉封板与甲板线的交点高度填入甲板线末点中。这样在光顺前处理中选择光顺艉封板就可以将艉封板与各型线的交点完全求出来。另外还可以将艉封板与站线的交点填入站线第三个控制点中，将艉封板与空间线的交点（包括距舯、高度、半宽）填入空间线第二个控制点中，将艉封板与肋骨线的交点填入肋骨线第一个控制点中。

什么是首点？什么是末点？

对于一条型线来说，距离船中最近的一点称为首点，离船中最远的一点称为末点。

此船艉封板首点的半宽为 0，离舯为 2 250 + 5 * 4 500 = 24 750，高度为 2 950，艉封板的斜率为 5.11，其他数据可从型值表中查出。按照要求将所有数据填入。

通过显示控制（主要为显示空间线）、光顺艉封板、光顺轮廓线后可得到如图 8－9 所示图形。

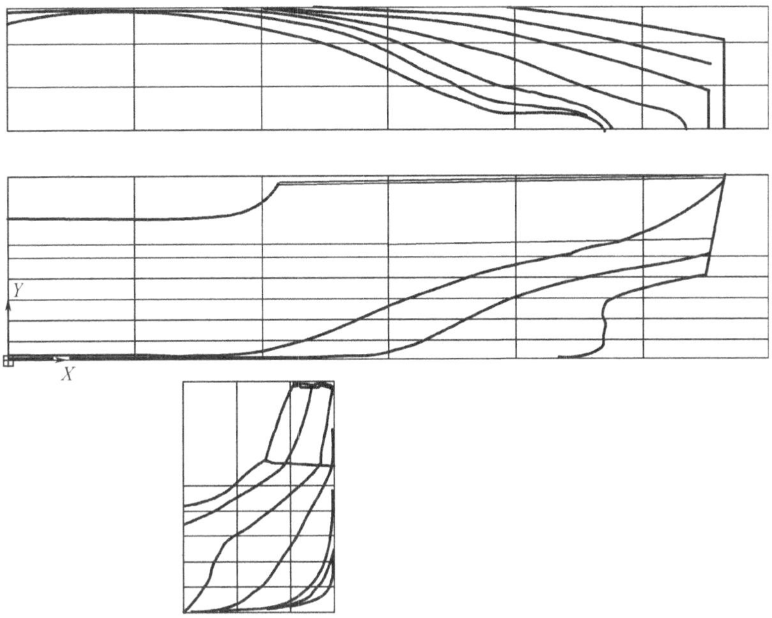


图 8 –9　生成艉封板

将水线圆头信息输入水线控制信息表中(同船艏部分),具体数据见表 6 –4。

2 800 水线的距舯为 24 065.85,水线圆头的距舯值为 24 065.85 –400 =23 665.85;

2 100 水线的距舯为 21 410.14,水线圆头的距舯值为 21 410.14 –200 =21 210.14;

1 400 水线的距舯为 21 126.35,水线圆头的距舯值为 21 126.35 –160 =20 966.35;

700 水线的距舯为 21 100,水线圆头的距舯值为 21 100 –120 =20 980。

前处理菜单中水线圆头切点线二向光顺,得到如图 8 –10 所示图形。

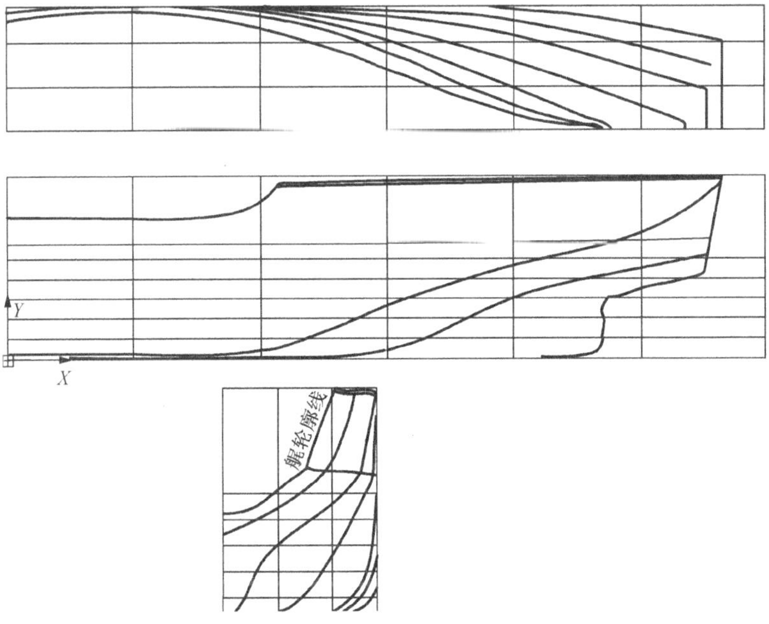


图 8 –10　生成后半艘水线圆头

## 8.5 艉轴线的生成

在给定的原始型线图中，对于艉轴部分的处理只是简单地示意一下，因为这个地方过于复杂，无法精确表达。我们做的工作是放样，放样的一项重要任务就是准确表达在型线图中无法精确表达的内容，所以我们必须准确表达艉轴部分。

艉轴是一个圆形的孔，在纵剖线和半宽水线图中显示为直线，在横剖线图中显示为圆。

对于艉轴的圆我们作为空间线来处理，但是它是一个封闭的图形，用一根空间线是无法表示出来的。我们将这个圆分为4个部分，每一部分就是一个90°的圆弧，如图8－11所示。

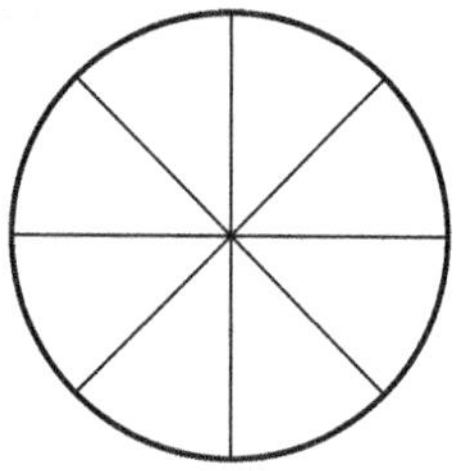

**图8－11　艉轴圆划分**

对于每一段圆弧我们视为一段空间线，对每一段空间线找到3个点，一般为两个端点和一个中点，这些点的型值（高度、半宽、距舯）都是计算出来的。然后在“空间线控制点表”中输入相应的值，同样要注意的是在输入的时候第一点和最后一点（第3点）要先输入，中点（第二点）后输入。

具体操作：

（1）设置水线1 050，1 100，1 150，1 200，1 250，1 300，1 350，纵剖线50，100，150，空间线6，7，如图8－12所示。

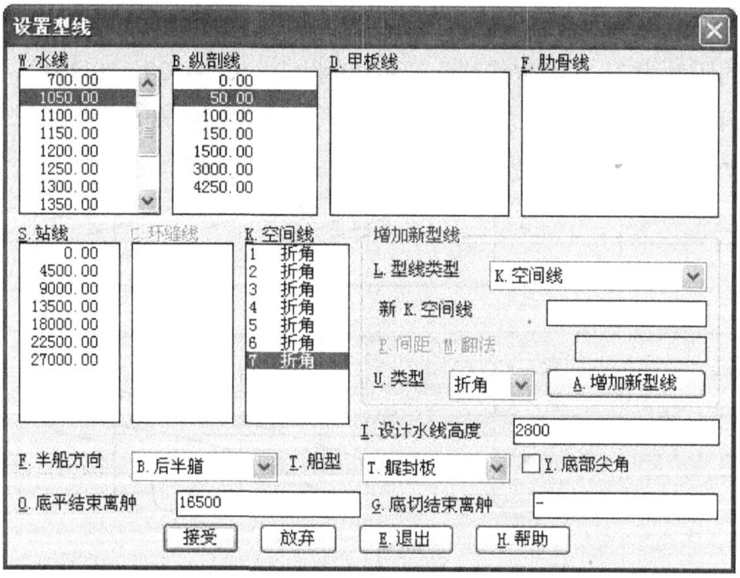


**图8－12　型线添加**

通过显示控制，见图8－13。

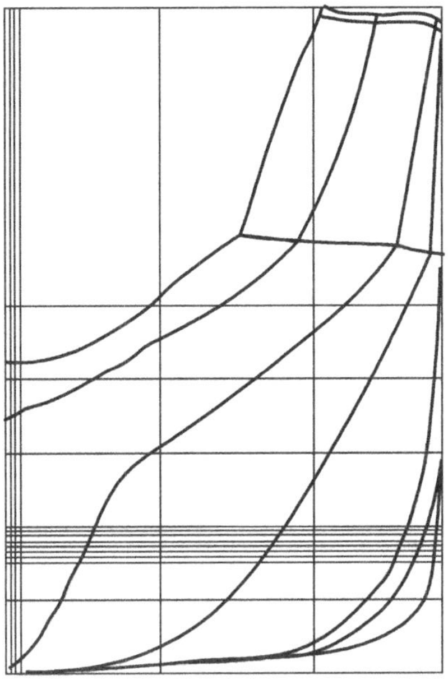

图 8 - 13　添加型线后的横剖线图

(2)在 1 200 水线上,以中纵剖线上的 $O$ 为圆心绘制半径为 1 200 的圆,见图 8 - 14。

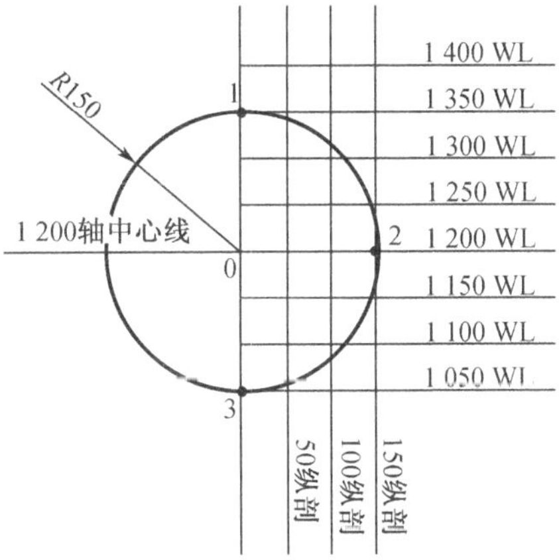


图 8 - 14　绘制艉轴圆

(3)通过计算,空间点 1 的坐标为离舯 22 500 - 1 350 = 21 150,宽度 0,高度 1 350,空间点 2 的坐标为离舯 21 150,宽度 150,高度 1 200,空间点 3 的坐标为离舯 21 150,宽度 0,高度 1 050,将其填入空间线 6,7 控制点表中,见图 8 - 15。

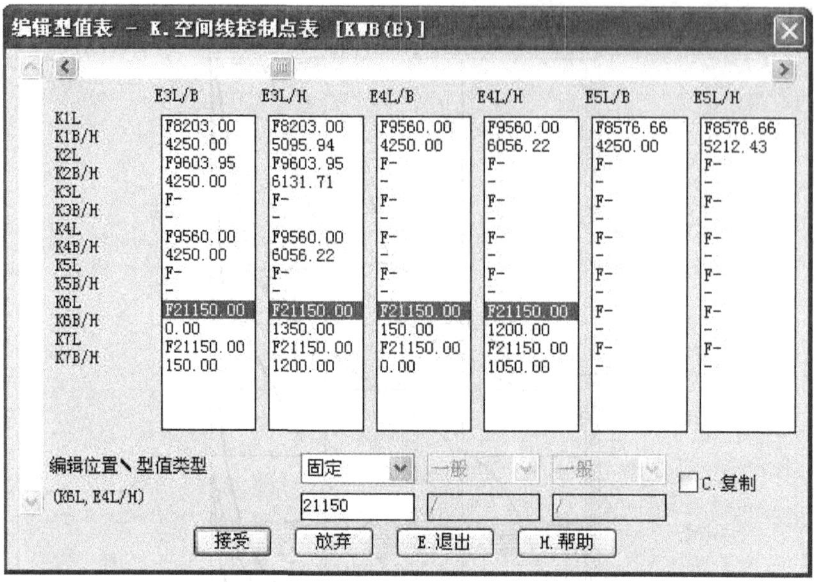


**图 8-15　补全添加控制点坐标**

显示控制见图 8-16。

(4)如图 8-17 所示,分别在空间线 6,7 上增加两个控制点 4,5。

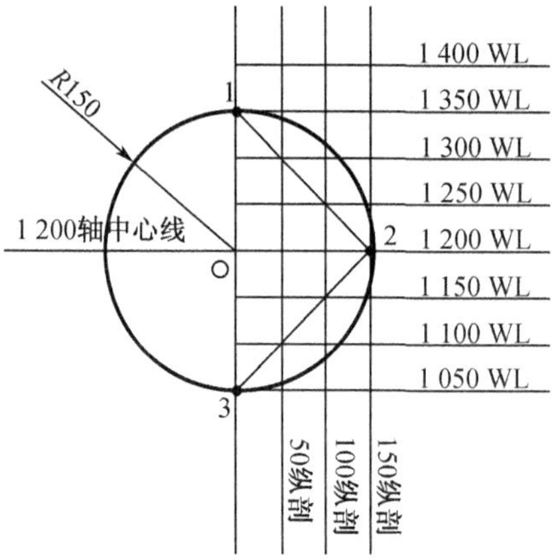


**图 8-16　添加的控制点**

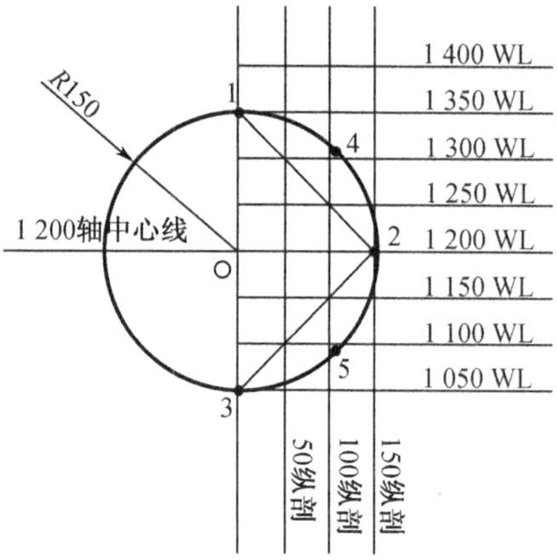


**图 8-17　添加 4,5 两个控制点**

显示控制后得到解决,如图 8-18 所示。

这样在本系统中就处理好了艉轴出口处的轴线形状。

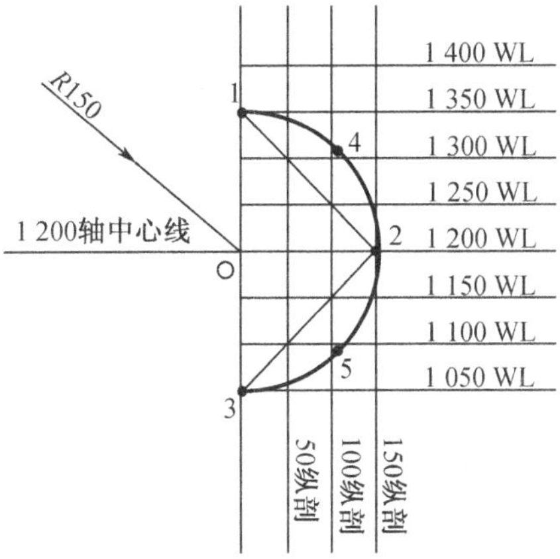


图 8－18　完整的艉轴圆空间线

## 8.6　艉部型线光顺，肋骨线生成、光顺，输出文件

通过自动三向光顺，先进行粗光顺，再进行精光顺，在光顺之前可插值水线、纵剖线、格子线的交点，三向光顺通过后，存船体型值表，即可进行肋骨线的生成了。

根据船舶信息文件提供的肋骨分布信息，在“新 F 肋骨线”中输入 －5，表示 －5 号肋骨；在“P. 间距”中输入 550，敲回车键，或点击“A. 增加新型线”则一根肋骨定义完成，表示从 －5 号肋骨开始向船中的肋距为 550 mm，再在“新 F 肋骨线”中输入 41，表示 41 号肋骨，在“P. 间距”中输入 250，表示 550 mm 的肋距到 41 号肋骨结束，41 号肋骨距舯 250 mm，敲回车定义完成，见图 8－19。

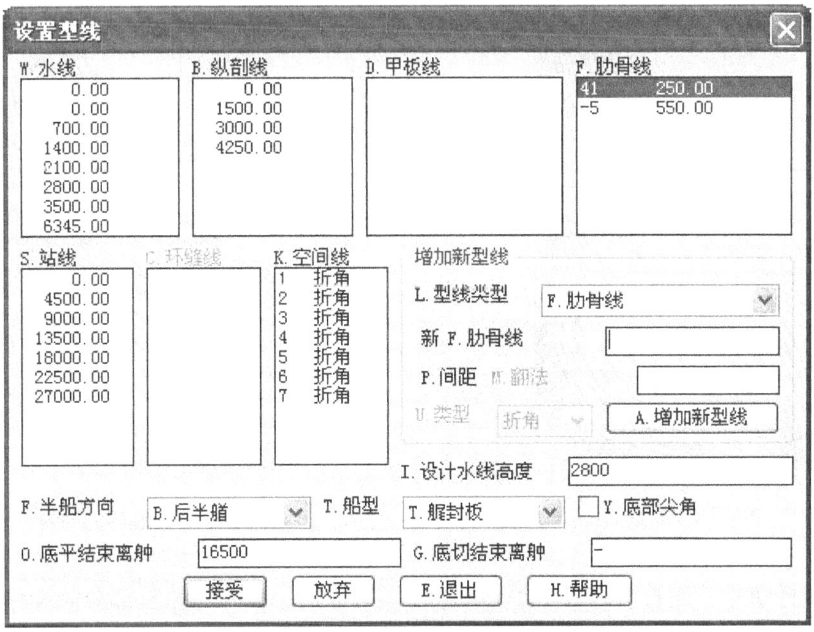


图 8－19　定义后半艘肋骨线

点击生成肋骨型值表，在横剖线图中生成的肋骨线见图 8－20。

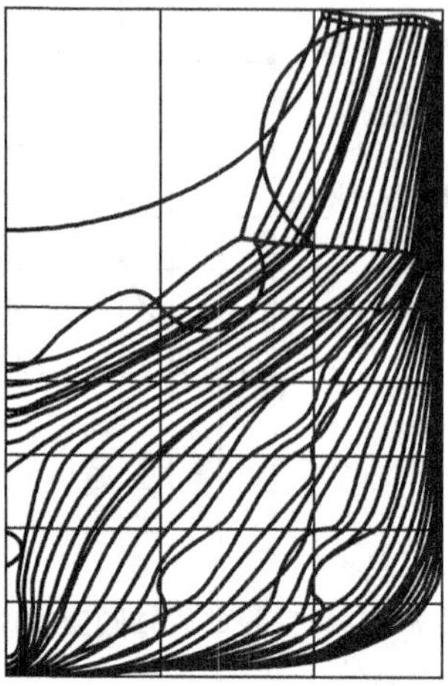

图 8－20　生成的后半艘肋骨型线图

由此可见生成的肋骨是不光顺的，要利用系统提供的肋骨型线光顺功能进行光顺。由于此时不光顺的肋骨型线很多，一个一个光顺，效率会很低，所以通常不采用单根肋骨型线交互的方法进行光顺，而是先利用系统提供的自动肋骨光顺功能进行光顺，然后再对没有光顺的肋骨进行单根交互光顺。在显示控制对话框中选择处理肋骨后，在交互三向光顺型线主菜单中选择自动肋骨光顺子菜单，自动光顺后的肋骨型线如图 8－21。

根据需要再进行单根肋骨交互光顺，光顺方法与单根型线交互光顺相同。也可通过"M. 交互肋骨光顺"菜单中的"D. 编辑型值表"查看肋骨型值并修改。

肋骨光顺后得到如图 8－22 所示光顺的肋骨型线图。

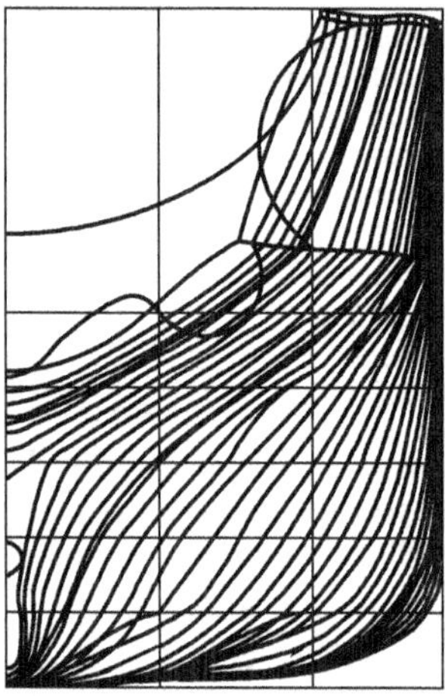

图 8－21　自动肋骨光顺后的肋骨型线

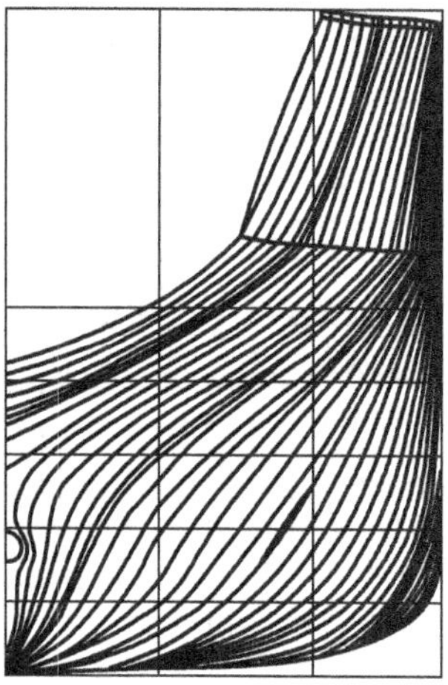

图 8－22　光顺后的肋骨型线

然后进行肋骨三向检查，三向检查通过后，生成输出文件，与船首部分的操作一样。

# 第9章　150 t冷藏船型线后期处理

● 知识目标

1. 掌握 HD－SHM 系统外板肋位文件（肋号肋距、环缝肋位、拟纵缝）数据含义及获取方法；

2. 掌握 HD－SHM 系统型线样条文件的转换方法；

3. 掌握 HD－SHM 系统船体型线（前半艘、后半艘）的拼接方法及型线图的输出方法。

● 能力目标

1. 培养 HD－SHM 系统船体型线后期处理能力；

2. 培养船体相关数据识读能力。

● 素养目标

1. 通过 HD－SHM 系统船体建模中型线数据的处理，培养学生的规范意识和责任担当意识；

2. 通过 HD－SHM 系统船体建模，培养学生数据建模、数据诚信意识，培养专业领域内的工程素养。

## 9.1　准备肋位文件

我们知道，船体的型线图应该是一个完整的图形，而不是前后半艘分开的图形，所以我们必须将前后半艘的图形拼接起来，第一步就是要准备外板肋位文件。

进入 HD－SHM 船体线型系统，选择“外板肋位文件”按钮，见图9－1。

本模块运行时，需要有肋距板缝信息文件 GFCF??. DAT。

系统如果在当前工作目录下找到这个文件，即把该文件的数据显示在属性页的各输入框中。如果在当前工作目录下找不到该文件，则用户应在属性页的各输入框中输入数据，生成该文件。当 GFCF??. DAT 文件中有拟纵缝的描述数据时，还要求有以下输入文件：

线型光顺基本信息文件　SBI???. DAT

肋号文件　FN???. DAT

肋骨宽度型值文件　FB???. DAT

肋骨高度型值文件　FH???. DAT

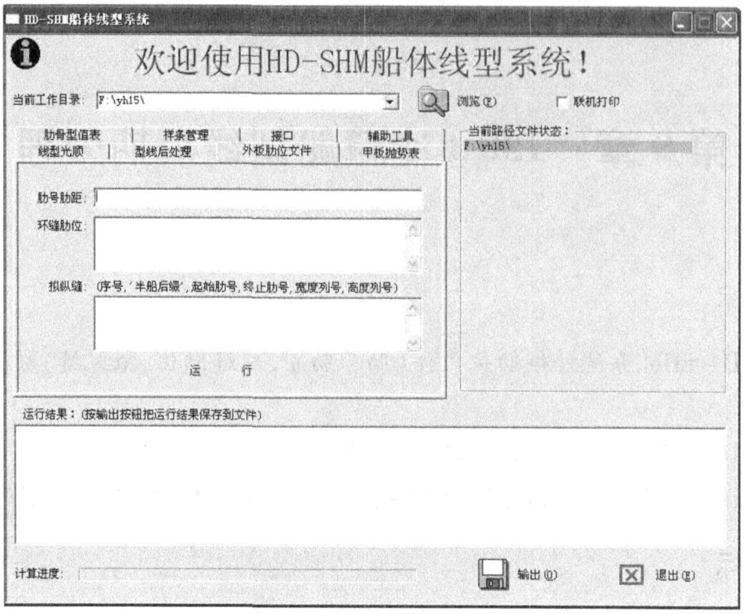


**图 9－1　外板肋位文件菜单**

各输入框的填写方法如下：

(1)在肋号肋距栏中输入本船的不同肋位的肋距。输入方法是：

肋号 1,建造肋距 1,肋号 2,建造肋距 2,…,肋号 $N$,建造肋距 $N$。

本船的肋位肋距在前面已经做了说明,在这一栏中应当输入如下内容：-5,550,82。

(2)在环缝肋位这一栏中输入船体的环缝肋位信息,环缝肋位指的是横向接缝线的位置,这一信息也可以在所提供的原始资料中得到,如在这一栏中输入如下内容：

0.0100,4.0350,16.0150,22.0350,41.0250

50.0150,60.0150,70.0350,75.0150,77.0350

这些数字表示的是船舶环缝所在位置,它是一个有 4 位小数的实数,其中整数部分表示肋位号,后面的 4 位小数表示从该肋号向艏增加的距离。如 0.0100 就表示该环缝在距离 0 号肋位向艏移动 100 mm 的位置。

(3)拟纵缝输入框是用来给定拟纵缝的描述数据。所谓拟纵缝线,就是参加船体线型三向光顺的纵向折角线、舷顶线之类的型线,它们在外板系统中作为外板的纵缝线。分前后半艘逐个给出拟纵缝,最多可以各有三根拟纵缝,用序号 1,2,3 表示,前后连续的拟纵缝应具有相同的序号。拟纵缝描述数据的格式如下：

<序号>,'前(后)半艘后缀',<起始肋号>,<终止肋号>,<宽度列号>,<高度列号>

其中宽度列号、高度列号给出拟纵缝型值点在肋骨型值表文件 FB???.DAT 和 FH???.DAT 中的位置。肋骨型值表文件 FB???.DAT 和 FH???.DAT 在新建的文件夹中,用打开写字板的方式进行查看。在此文件中,每一组数据为一列。在本船中我们将上甲板边线作为一条拟纵缝线,分前后半艘进行描述。

前半艘:1,‘a01’,42,82,14,11

序号 1 代表上甲板边线,a01 为前半艘船名,起始肋号为 42,终止肋号为 82,宽度列号和高度列号分别为 14 和 11。14 和 11 是怎么得来的呢? 打开船名为 a01 的前半艘船,显示控制时选中处理肋骨,“M. 交互肋骨光顺”→“D. 编型值表”→“M. 肋骨宽度表”,见图 9－2 和图 9－3。查看上甲板边线 K5 在每个肋上的宽度值。

然后打开 yh15 文件夹中的 Fba01. DAT,见图 9－4。

**图 9－2　选择肋骨宽度表菜单**

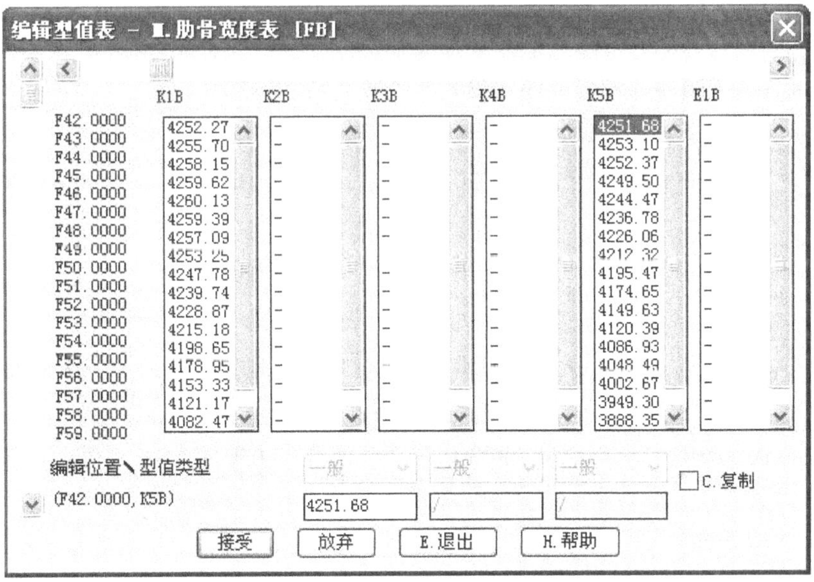


**图 9－3　上甲板边线肋骨宽度值**

| 名称 | 大小 | 类型 | 修改日期 |
| --- | --- | --- | --- |
| AFOa03. DAT | 1 KB | DAT 文件 | 2013-1-30 10:57 |
| AFOa04. DAT | 39 KB | DAT 文件 | 2013-1-30 16:29 |
| AFOa05. DAT | 39 KB | DAT 文件 | 2013-1-31 19:20 |
| AMTa01. DAT | 1 KB | DAT 文件 | 2013-1-25 10:04 |
| AMTa04. DAT | 1 KB | DAT 文件 | 2013-1-30 16:44 |
| AMTa05. DAT | 1 KB | DAT 文件 | 2013-1-31 19:21 |
| DFFa01. DAT | 42 KB | DAT 文件 | 2013-1-25 10:04 |
| DFFa04. DAT | 45 KB | DAT 文件 | 2013-1-30 16:29 |
| DFFa05. DAT | 45 KB | DAT 文件 | 2013-1-31 19:21 |
| FBa01. DAT | 16 KB | DAT 文件 | 2013-1-25 08:47 |
| FBa04. DAT | 20 KB | DAT 文件 | 2013-1-30 15:21 |
| FBa05. DAT | 21 KB | DAT 文件 | 2013-1-31 19:20 |
| FDa01. DAT | 1 KB | DAT 文件 | 2013-1-25 08:47 |
| FDa04. DAT | 1 KB | DAT 文件 | 2013-1-30 15:21 |
| FDa05. DAT | 1 KB | DAT 文件 | 2013-1-31 19:20 |
| FHa01. DAT | 14 KB | DAT 文件 | 2013-1-25 08:47 |
| FHa04. DAT | 18 KB | DAT 文件 | 2013-1-30 15:21 |
| FHa05. DAT | 18 KB | DAT 文件 | 2013-1-31 19:20 |

类型: DAT 文件
修改日期: 2013-1-25 08:47
大小: 15.6 KB

**图 9－4　Fba01. DAT 文件**

里面的内容如下：

1e＋030　1e＋030　1e＋030　1e＋030
1e＋030
1e＋030　1e＋030　1e＋030　1e＋030
1e＋030
1e＋030　1e＋030　1e＋030　1e＋030
1e＋030
1e＋030　1e＋030　1e＋030　1e＋030
1e＋030
1e＋030　1e＋030　1e＋030　1e＋030
1e＋030
1e＋030　1e＋030　1e＋030　1e＋030
1e＋030
1e＋030　1e＋030　1e＋030　1e＋030
1e＋030
1e＋030　1e＋030　1e＋030　1e＋030
1e＋030
1e＋030
1e＋030　1e＋030　1e＋030　1e＋030
1e＋030
1e＋030　1e＋030　1e＋030　1e＋030
1e＋030
1e＋030　1e＋030　1e＋030　1e＋030

1e +030
1e +030　1e +030　1e +030　1e +030
1e +030
1e +030　1e +030　1e +030　1e +030
1e +030
1e +030　1e +030　1e +030　1e +030
1e +030
1e +030　1e +030　1e +030　1e +030
1e +030
1e +030　1e +030　1e +030　1e +030
1e +030
1e +030
3722. 014　3631. 084　3536. 327　3437. 73
3335. 272
3228. 952　3118. 749　3004. 646　2886. 889
2768. 333
2649. 778　2531. 222　2412. 667　2294. 111
2175. 556
2057　1938. 452　1819. 939　1701. 425
1582. 912
1464. 543　1348. 595　1235. 844　1126. 309
1020
917. 3796　818. 9035　724. 5571　634. 325
548. 3857
468. 9228　396. 5178　331. 1358　272. 9005
222. 0796
178. 654　142. 548　113. 6606　91. 97491
1e +030
1e +030
4117. 572　4051. 056　3980. 24　3905. 111　3825. 654
3741. 855　3653. 699　3561. 169　3464. 26
3363. 097
3257. 71　3148. 636　3036. 179　2920. 425
2801. 691
2680. 575　2557. 473　2432. 568　2305. 945
2177. 768
2049. 027　1919. 879　1790. 325　1660. 364

1529.997

1400.129 1272.539 1147.288 1024.37

903.7776

786.287 677.1268 577.1859 486.3705

404.5789

331.7475 267.8104 212.6419 166.1865

126.491

1e+030

4231.848 4194.439 4151.682 4103.565

4050.071

3991.19 3926.904 3857.193 3782.052

3701.611

3615.892 3524.872 3428.623 3327.842

3222.644

3113.01 2998.932 2881.164 2760.172

2635.945

2508.471 2377.489 2242.344 2102.991

1959.407

1811.699 1662.283 1513.067 1366.854

1224.876

1087.115 955.337 831.6308 716.1281

609.1501

510.632 420.5099 338.8199 265.5683

200.7044

1e+030

4246.385 4234.926 4217.215 4193.246

4163.008

4126.491 4083.679 4034.556 3979.116

3917.519

3849.785 3775.892 3695.926 3610.671

3520.267

3424.689 3323.921 3218.175 3107.606

2992.399

2872.421 2747.545 2617.655 2481.889

2339.999

2191.807 2038.33 1883.01 1726.07

1568.897

1413.673　　1262.069　　1115.816　　976.9116　　845.571
721.7337　　605.3345　　496.1936　　394.1111　　299.0379
210.9293
4254.01　　4256.664　　4253.235　　4243.725
4228.129
4206.441　　4178.654　　4144.757　　4104.745
4058.664
4006.516　　3948.282　　3883.959　　3813.788
3737.827
3656.052　　3568.438　　3475.038　　3375.863
3270.891
3160.191　　3043.749　　2921.544　　2793.595
2659.999
2520.775　　2376.148　　2229.175　　2080.778
1930.947
1780.903　　1631.713　　1484.826　　1343.736
1208.555
1075.503　　940.778　　801.7248　　658.3191
509.2376
344.4273
1e +030　　1e +030　　1e +030　　1e +030
1e +030
1e +030　　1e +030　　1e +030　　1e +030
1e +030
1e +030　　1e +030　　1e +030　　1e +030
1e +030
1e +030　　1e +030　　1e +030　　1e +030
1e +030
1e +030　　1e +030　　1e +030　　1e +030
1e +030
1e +030　　1e +030　　1e +030　　1e +030
1e +030
1e +030　　1e +030　　1e +030　　1e +030
1e +030
1e +030　　1e +030　　1e +030　　1e +030
1e +030
1e +030

1e +030 1e +030 1e +030 1e +030
1e +030
1e +030 1e +030 1e +030 1e +030
1e +030
1e +030 1e +030 1e +030 1e +030
1e +030
1e +030 1e +030 1e +030 1e +030
1e +030
1e +030 1e +030 1e +030 1e +030
1e +030
1e +030 1e +030 1e +030 1e +030
1e +030
1e +030 1e +030 1e +030 1e +030
1e +030
1e +030 1e +030 1e +030 1e +030
1e +030
1e +030
4252. 271 4255. 697 4258. 148 4259. 624
4260. 125
4259. 389 4257. 094 4253. 255 4247. 777
4239. 74
4228. 874 4215. 177 4198. 65 4178. 952
4153. 328
4121. 175 4082. 469 4036. 919 3984. 358
3925. 345
3863. 812 3800. 513 3735. 447 3668. 611
3600
3542. 072 3506. 925 3529. 62 3644. 74
3862. 781
3695. 334 3527. 889 3360. 444 3192. 995
3025. 544
2858. 101 2690. 658 2523. 216 2355. 773
2188. 331
2020. 889
1e +030 1e +030 1e +030 1e +030
1e +030
1e +030 1e +030 1e +030 1e +030

1e +030
1e +030　1e +030　1e +030　1e +030
1e +030
1e +030　1e +030　1e +030　1e +030
1e +030
1e +030　1e +030　1e +030　1e +030
1e +030
1e +030　1e +030　1e +030　1e +030
1e +030
1e +030　1e +030　1e +030　1e +030
1e +030
1e +030　1e +030　1e +030　1e +030
1e +030
1e +030
1e +030　1e +030　1e +030　1e +030
1e +030
1e +030　1e +030　1e +030　1e +030
1e +030
1e +030　1e +030　1e +030　1e +030
1e +030
1e +030　1e +030　1e +030　1e +030
1e +030
1e +030　1e +030　1e +030　1e +030
1e +030
1e +030　1e +030　1e +030　1e +030
3767.78
3589.334　3410.889　3232.444　3054.393
2876.042
2697.521　2519　2340.479　2161.958
1983.438
1804.917
1e +030　1e +030　1e +030　1e +030
1e +030
1e +030　1e +030　1e +030　1e +030
1e +030
1e +030　1e +030　1e +030　1e +030
1e +030

1e +030 1e +030 1e +030 1e +030

1e +030

1e +030 1e +030 1e +030 1e +030

1e +030

1e +030 1e +030 1e +030 1e +030

1e +030

1e +030 1e +030 1e +030 1e +030

1e +030

1e +030 1e +030 1e +030 1e +030

1e +030

1e +030

**4251.68** 4253.097 4252.37 4249.498

4244.473

4236.78 4226.063 4212.321 4195.47

4174.655

4149.63 4120.39 4086.931 4048.485

4002.671

3949.304 3888.351 3819.782 3743.556

3659.628

3568.686 3473.152 3373.205 3268.827

3159.998

3046.869 2928.225 2803.389 2672.317

2536.571

2398.208 2257.222 2113.607 1967.639

1819.845

1670.016 1517.244 1362.107 1206.886

1051.665

896.444

1e +030 1e +030 1e +030 1e +030

1e +030

1e +030 1e +030 1e +030 1e +030

1e +030

1e +030 1e +030 1e +030 1e +030

1e +030

1e +030 1e +030 1e +030 1e +030

1e +030

1e +030 1e +030 1e +030 1e +030

1e +030
    1e +030    1e +030    1e +030    1e +030
1e +030
    1e +030    1e +030    1e +030    1e +030
1e +030
    1e +030    1e +030    1e +030    1e +030
1e +030
    1e +030
    1e +030    1e +030    1e +030    1e +030
1e +030
    1e +030    1e +030    1e +030    1e +030
1e +030
    1e +030    1e +030    1e +030    1e +030
1e +030
    1e +030    1e +030    1e +030    1e +030
1e +030
    1e +030    1e +030    1e +030    1e +030
1e +030
    1e +030    1e +030    1e +030    1e +030
1e +030
    1e +030    1e +030    1e +030    1e +030
1e +030
    1e +030    1e +030    1e +030    1e +030
1e +030
    1e +030
    1e +030    1e +030    1e +030    1e +030
1e +030
    1e +030    1e +030    1e +030    1e +030
1e +030
    1e +030    1e +030    1e +030    1e +030
1e +030
    1e +030    1e +030    1e +030    1e +030
1e +030
    1e +030    1e +030    1e +030    1e +030
1e +030
    1e +030    1e +030    1e +030    1e +030
1e +030

```
        1e +030     1e +030     1e +030     1e +030
1e +030
        1e +030     1e +030     1e +030     1e +030
1e +030
        1e +030
        1e +030     1e +030     1e +030     1e +030
1e +030
        1e +030     1e +030     1e +030     1e +030
1e +030
        1e +030     1e +030     1e +030     1e +030
1e +030
        1e +030     1e +030     1e +030     1e +030
1e +030
        1e +030     1e +030     1e +030     1e +030
1e +030
        1e +030     1e +030     1e +030     1e +030
1e +030
        1e +030     1e +030     1e +030     1e +030
1e +030
        1e +030     1e +030     1e +030     1e +030
1e +030
        1e +030
        1e +030     1e +030     1e +030     1e +030
1e +030
        1e +030     1e +030     1e +030     1e +030
1e +030
        1e +030     1e +030     1e +030     1e +030
1e +030
        1e +030     1e +030     1e +030     1e +030
1e +030
        1e +030     1e +030     1e +030     1e +030
1e +030
        1e +030     1e +030     1e +030     1e +030
1e +030
        1e +030     1e +030     1e +030     1e +030
1e +030
        1e +030     1e +030     1e +030     1e +030
```

| | | | | |
|---|---|---|---|---|
| 1e+030 | | | | |
| | 1e+030 | | | |
| | 1e+030 | 1e+030 | 1e+030 | 1e+030 |
| 1e+030 | | | | |
| | 1e+030 | 1e+030 | 1e+030 | 1e+030 |
| 1e+030 | | | | |
| | 1e+030 | 1e+030 | 1e+030 | 1e+030 |
| 1e+030 | | | | |
| | 1e+030 | 1e+030 | 1e+030 | 1e+030 |
| 1e+030 | | | | |
| | 1e+030 | 1e+030 | 1e+030 | 1e+030 |
| 1e+030 | | | | |
| | 1e+030 | 1e+030 | 1e+030 | 1e+030 |
| 1e+030 | | | | |
| | 1e+030 | 1e+030 | 1e+030 | 1e+030 |
| 1e+030 | | | | |
| | 1e+030 | 1e+030 | 1e+030 | 1e+030 |
| 1e+030 | | | | |
| | 1e+030 | | | |
| | 1e+030 | 1e+030 | 1e+030 | 1e+030 |
| 1e+030 | | | | |
| | 1e+030 | 1e+030 | 1e+030 | 1e+030 |
| 1e+030 | | | | |
| | 1e+030 | 1e+030 | 1e+030 | 1e+030 |
| 1e+030 | | | | |
| | 1e+030 | 1e+030 | 1e+030 | 1e+030 |
| 1e+030 | | | | |
| | 1e+030 | 1e+030 | 1e+030 | 1e+030 |
| 1e+030 | | | | |
| | 1e+030 | 1e+030 | 1e+030 | 1e+030 |
| 1e+030 | | | | |
| | 1e+030 | 1e+030 | 1e+030 | 1e+030 |
| 1e+030 | | | | |
| | 1e+030 | 1e+030 | 1e+030 | 1e+030 |
| 1e+030 | | | | |
| | 1e+030 | | | |
| | 1e+030 | 1e+030 | 1e+030 | 1e+030 |

```
1e +030
        1e +030        1e +030        1e +030        1e +030
1e +030
        1e +030        1e +030        1e +030        1e +030
1e +030
        1e +030        1e +030        1e +030        1e +030
1e +030
        1e +030        1e +030        1e +030        1e +030
1e +030
        1e +030        1e +030        1e +030        1e +030
1e +030
        1e +030        1e +030        1e +030        1e +030
1e +030
        1e +030        1e +030        1e +030        1e +030
1e +030
        1e +030
        1e +030        1e +030        1e +030        1e +030
1e +030
        1e +030        1e +030        1e +030        1e +030
1e +030
        1e +030        1e +030        1e +030        1e +030
1e +030
        1e +030        1e +030        1e +030        1e +030
1e +030
        1e +030        1e +030        1e +030        1e +030
1e +030
        1e +030        1e +030        1e +030        1e +030
1e +030
        1e +030        1e +030        1e +030        1e +030
1e +030
        1e +030        1e +030        1e +030        1e +030
1e +030
        1e +030
        1e +030        1e +030        1e +030        1e +030
1e +030
        1e +030        1e +030        1e +030        1e +030
1e +030
```

1e +030　　1e +030　　1e +030　　1e +030
1e +030
1e +030　　1e +030　　1e +030　　1e +030
1e +030
1e +030　　1e +030　　1e +030　　1e +030
1e +030
1e +030　　1e +030　　1e +030　　1e +030
1e +030
1e +030　　1e +030　　1e +030　　1e +030
1e +030
1e +030　　1e +030　　1e +030　　1e +030
1e +030
1e +030

找到4251.68这一组数据,看看这是第几组即为第几列。通过查看可知这一组数据为第14组,所以宽度列号为14。高度列号利用同样的方法得到,不过是打开FHa01.DAT这个文件。同样的方法得到后半艘船的拟纵缝数据如下:

a05为后半艘船名。

后半艘:1,'a05',-3,41,15,11。

1,'a05',-3,41,15,11这些数据形成肋距板缝信息文件GFCF15.dat,系统如果在当前工作目录下找到这个文件,即把该文件的数据显示在属性页的各输入框中。如果在当前工作目录下找不到该文件,则用户应在属性页的各输入框中输入数据,生成该文件。

将以上数据输入外板肋位文件,见图9-5。

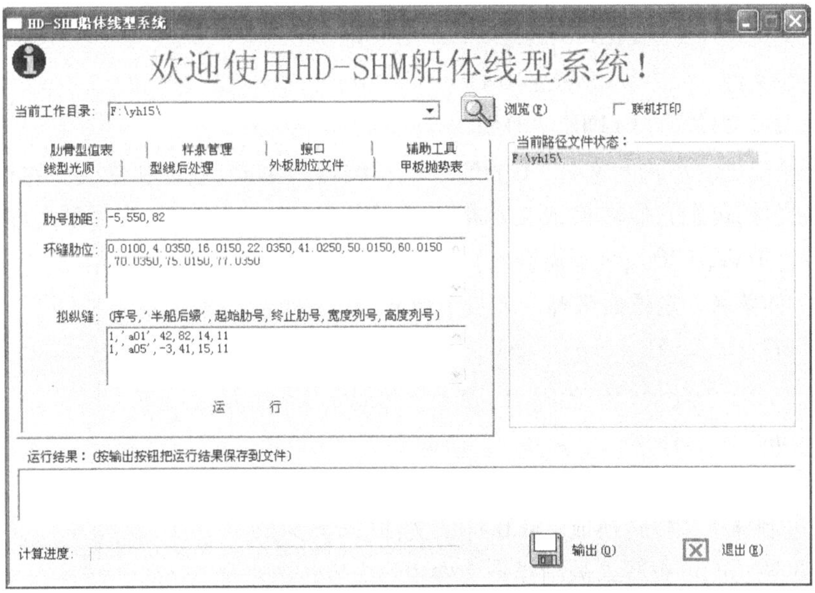


**图9-5　外板肋位文件填入**

点击运行后生成外板肋位文件，文件名为 CHARP15. DAT，见图 9－6，存入已建的文件夹中。这里的 15 即为文件夹名 yh15 的后两位。前面我们讲新建的文件夹名后两位必须为数字就是为这里准备的。

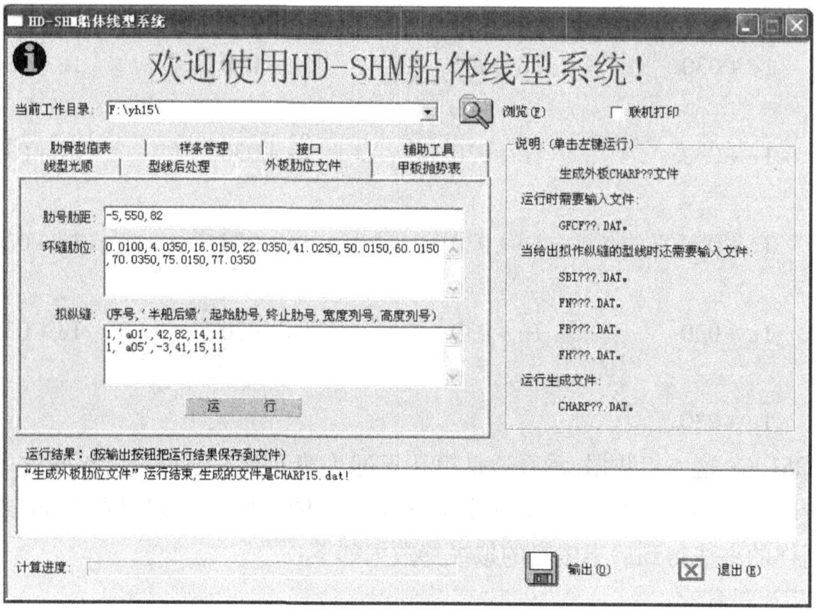


**图 9－6　生成外板肋位文件**

## 9.2　样条转换

在 HD－SHM 系统中，船体型线样条文件有三个，分别是：

肋骨线文件　　FRAME??. DAT

水线型线文件　　WLINE??. DAT

直剖线型线文件　　BLINE??. DAT

它们都是二进制形式的文件，不能通过文本编辑来生成、查看和修改。要查看或修改二进制样条文件，可把它们转换成文本格式的样条文件。文本格式的样条文件名任意，但扩展名规定为 DAT，在输入时不需键入扩展名。文本格式的样条形式为：

| | | | | | |
|---|---|---|---|---|---|
| 55555 | 样条名 | 定位面坐标 | 节点个数 n | u1 | v1 |
| r2 | u2 | v2 | r3 | u3 | v3 |

…………………………………………………………

rn　　un　　vn

样条转换属性页提供下列功能：

（1）二进制样条文件转换成 ASCII 样条文件（ = = > ）；

（2）通过该功能可查看二进制样条文件中的内容；

（3）ASCII 样条文件转换成二进制样条文件（ < = = ）；

（4）通过该功能可生成、替换、修改二进制样条文件中的样条；

(5)生成肋骨线文件：FRAME??. DAT；

(6)给肋骨线补充平边段；

(7)通过该功能，使某些来自其他系统的省略底平段和边平段的肋骨线样条能添加出平边段，从而满足 HD－SHM 系统的肋骨样条格式；

(8)由水线、纵剖线和肋骨线插端缝线。

通常，外板端缝线应由船体型线三向光顺程序生成。但当船体型线并不是由 HD－SHM 系统光顺，却需要生成外板端缝线时，可通过本功能由水线、纵剖线和肋骨线来插端缝线。当存在水线和纵剖线样条时，由水线和纵剖线来插端缝线；当没有水线和纵剖线样条时，由肋骨线来插端缝线。使用本功能，可得到精度令人满意的端缝线样条(摘自《船体线型系统用户手册》)。

1. 样条转换

我们这里首先需要做的是将 ASCII 样条文件转换成二进制样条文件，转换后自动生成肋骨线文件或水线文件或纵剖线文件，转换方法为：

在 ASCII 样条文件下面的输入框中分别输入"DFFA01""DFFA05"，见图 9－7，这个时候我们可以发现左箭头变蓝，可以使用了，点击该左箭头，系统会提问"是尾部横剖线吗?"，我们如实回答，则样条转换完成。

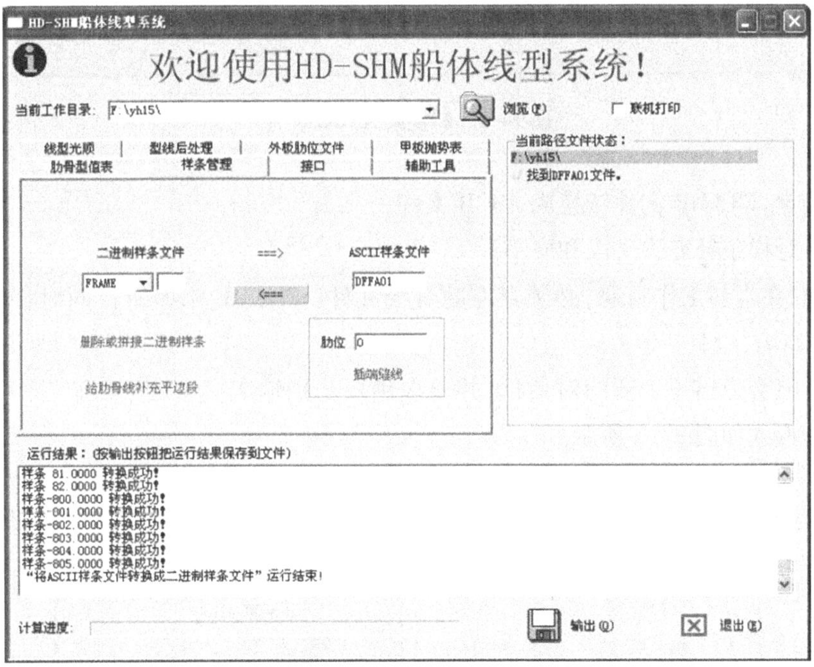


图 9－7　二进制样条转换

这里需注意的是：输入的 DFFA01 并不是一成不变的，而是根据船名的不同而不同的。其中 DFF 为固定格式，而后面的 A01 就是我们所定义的船名，读者朋友可以根据自己定义的船名来输入 ASCII 文件，如 DFF325 等。如果输入该 ASCII 文件后发现左箭头并没有变蓝就说明输入的文件名不对，系统无法找到该文件，或者还没有生成该文件。

我们还可以将二进制文件转换成 ASCII 文件，转换方法是在二进制文件选择肋骨样条文件或水线样条文件或者纵剖线样条文件，这时右箭头也变蓝，点击右箭头出现如图 9－8 所示对话框。

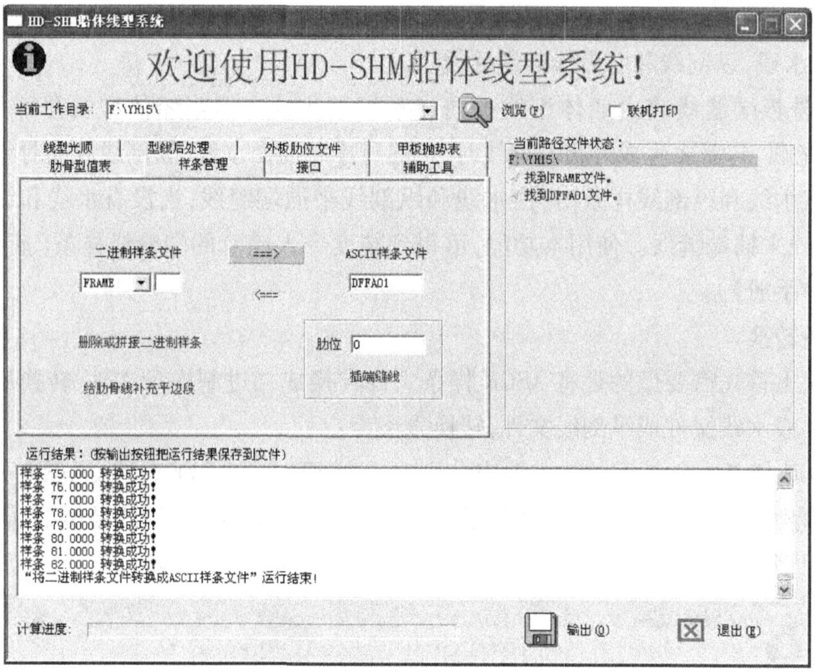


**图 9－8　转换成 ASCII 文件**

点击确定，FRAME 文件转换成 ASCII 文件。

2. 给肋骨样条补充边平段和底平段

运行前，在当前工作目录，必须存在肋骨线文件：FRAME??. DAT。同时将 FRAME 文件转换成 ASCII 文件

运行时将会弹出一个新的对话框，并要求用户分别输入：边平顶点高、边平顶点宽的值。对话框形式如图 9－9 所示。

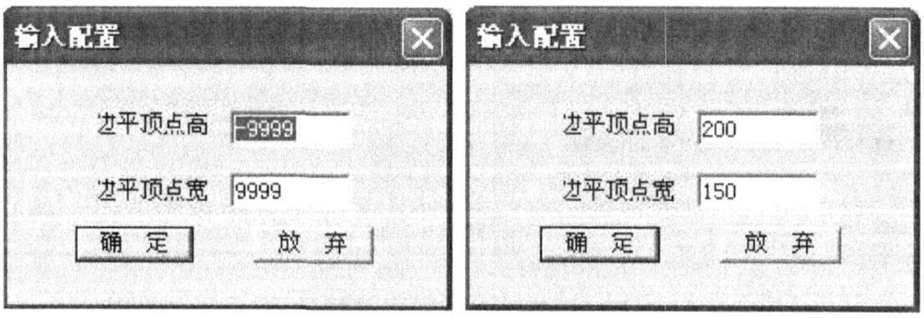


**图 9－9　输入配置**

点击按钮“确定”，系统即从肋骨线样条文件中取出各样条，对起点不在船中的样条补充到船中的底平段，对终点宽度等于“边平顶点宽”，但高度小于“边平顶点高”的样条补充边平段。运行后将得到新的二进制样条文件 FRAME??. DAT。

3. 插值端缝

用户给出端缝线的肋位，整数部分为肋号，小数部分为向艏增加的距离。点击"插端缝线"按钮，系统即生成指定肋位的端缝线的样条。如果端缝线有折角，系统会在生成的端缝线中相应给出折角，其作用是用于生成外板展开图中的非正常肋位上的端缝线。

生成的端缝线样条以文本格式存放在指定的样条文件中。用户可观察其数据，认可后，再点击本属性页的" < = = "按钮，把生成的端缝线样条送入肋骨线样条文件。

操作方法：在"ASCII 样条文件"输入框中输入端缝线名；在"肋位"输入框中输入端缝线的肋位，整数部分表示肋号，小数部分为向艏增加的距离；点击"插端缝线"，系统自动生成指定肋位的端缝线样条，见图 9 – 10。

对于本船而言，在"ASCII 样条文件"输入框中分别输入：0，4，16，22，41，50，60，70，75，77，在"肋位"输入框中分别输入：0.0100，4.0350，16.0150，22.0350，41.0250

50.0150，60.0150，70.0350，75.0150，77.0350，插值生成端缝线之后，一定要按" < = = "按钮，把生成的端缝线样条送入肋骨线样条文件，否则在外板系统中就会出现如图 9 – 11 所示对话框。

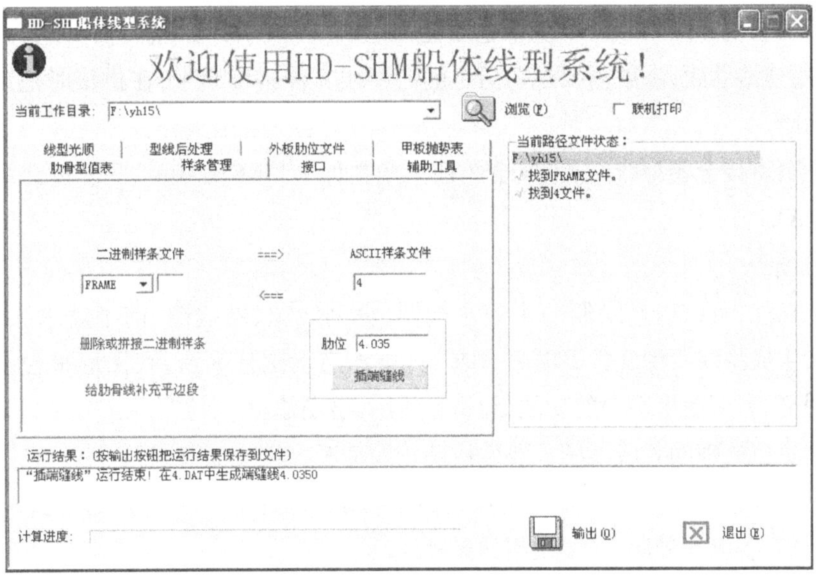


图 9 – 10　插值端缝线

图 9 – 11　缺少端缝线提示对话框

这样端缝就插值完毕。

## 9.3 型线拼接、型线图输出

完成上述操作后就基本完成了线型系统的所有内容，但是，到现在为止，船体的型线图仍然是前后半艘分开的，这与我们的要求显然是不符的，所以我们必须将前后半艘的型线图拼接起来。“型线后处理”选项就是完成这项工作的。

在 HD－SHM 2005 船体型线系统中，选取“型线后处理”项，输入工作目录 F:/yh15，可以看见前半艘和后半艘型线文件名后缀里分别为 a01 和 a05。

“型线后处理”对话框如下：

1. 拼接全船型线

在 HD－SHM 系统中，船体线型光顺是分前、后半艘分别光顺的。光顺时坐标原点在船中（#10 站线）处，向艏或向艉为 X 轴正向，肋距为理论肋距；光顺后分别生成前后半艘的型线文件，文件名的后三位为区分前后半艘的后缀。

但在外板系统和结构系统中使用全船性的型线文件，坐标原点要在#0 肋骨处，向艏为正，肋距采用建造肋距，这就需要把前后半艘的型线文件拼接起来，在拼接时把理论肋距改造为建造肋距。

本属性页拼接全船型线后，生成全船性水线文件 WLINE15. DAT 和全船性纵剖线文件 BLINE15. DAT。

2. 绘型线图

利用此功能，可以选择绘制后半艘水线图、纵剖线图、站线图、前半艘水线图、纵剖线图、站线图，生成型线绘图文件 DRLF. HDG，并立即启动图形平台，在图形平台中显示要绘制的型线图形，利用图形平台的功能，编辑型线图，绘图输出。

本属性页也处理肋骨线型图。要生成肋骨线型图，点击“肋骨线”。

选中“绘型线图”下面 8 项中的 7 项（站线和肋骨线任选一项），点击“绘图”自动回到 AutoCAD 界面，生成 6 种图，检查线型的光顺性。

操作方法：见图 9－12，其实这里的操作比较简单，当前面的工作都做完后，进入型线后处理，注意在当前工作目录中输入你所操作的目录。一般情况下，后半艘型线文件名后缀和前半艘型线文件名后缀都会自动正确出现，如果没有或者不正确，操作人员也可以人为选择。这个时候左下侧的“拼接”按钮变蓝，点击会拼接前后半艘型线文件，但是这个时候只是文件拼接完成，图形还没有显示出来，如果要显示拼接情况，则要在右下侧的绘制型线图中选中要绘制的型线（如后半艘水线、前半艘纵剖线等），然后再选择绘图所采用的是站线还是肋骨线，一般我们都选择站线，此时“绘图”按钮早已变蓝，点击“绘图”系统自动进入 AutoCAD 界面，进行绘制型线图。这个时候我们需要做的就是将这里生成的前后半艘型线图按照要求拼接到一起就可以了。拼接时需要先打开 AutoCAD 界面，读者可自己试一试。

到现在为止，线型系统的操作已经基本完成，下面可以进入结构系统进行结构方面的工作，但是大家需要注意的是本系统下面的三个分系统并不是相互孤立的，在线型系统所产生的文件往往是结构系统和外板系统所必需的文件。

型线系统产生的文件有：

(1)GFCF15. dat 肋距板缝信息文件；

(2)CHARP15. dat 外板肋位文件；

(3)frame15. dat 肋骨线文件；

(4)bline15. dat 直剖线型线文件；

(5)wline15. dat 水线型线文件。

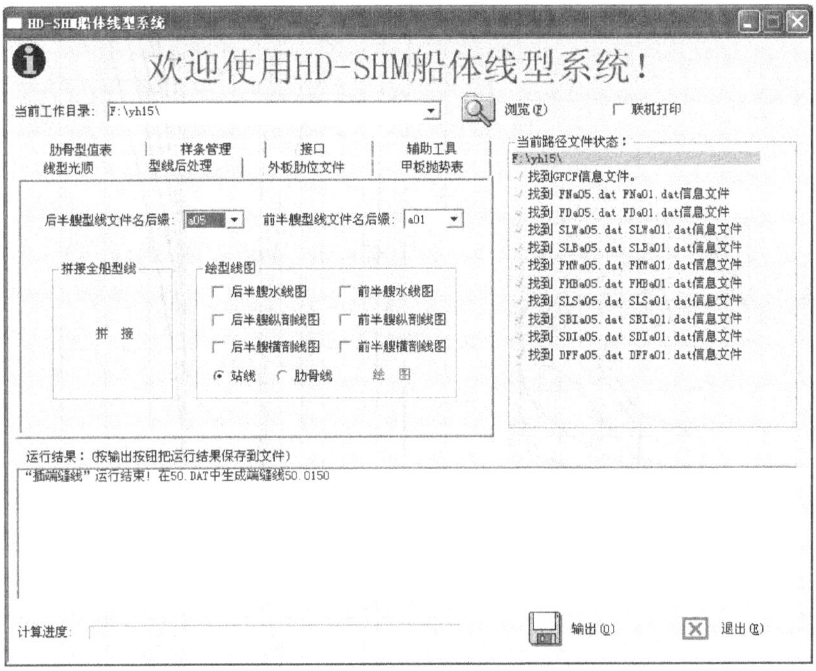


**图9－12　型线后处理对话框**

拼接完毕后，在AutoCAD界面中会产生如图9－13所示图形。

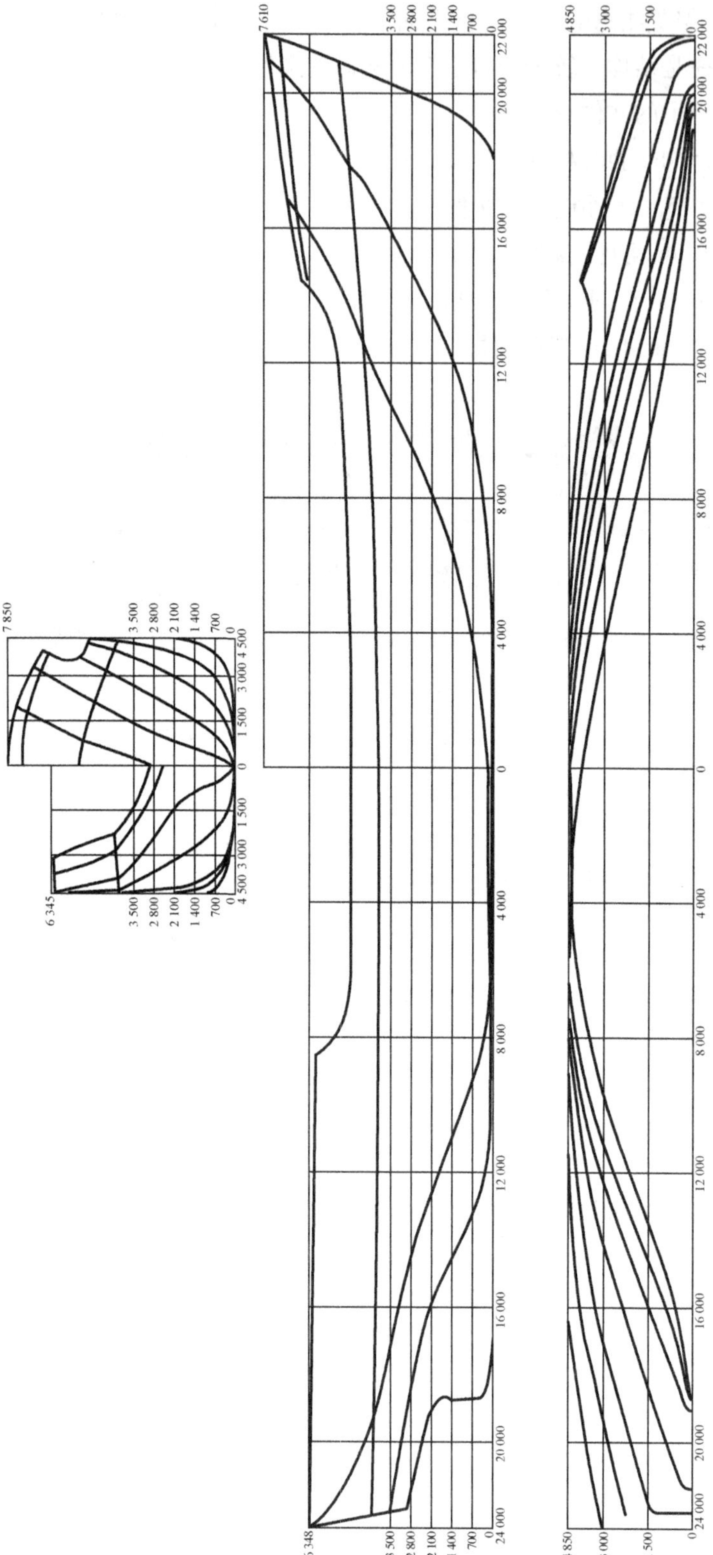
7 850
6 345
3 500
2 800
2 100
1 400
700
0
4 500
3 000
1 500
7 610
6 348
22 000
20 000
16 000
12 000
8 000
4 000
24 000
4 850
3 000
1 500

**图 9－13　拼接后图形**

## 9.4　HD－SHM线型系统操作小结

1. 工作思路

线型系统就是根据给定的型值表型值和边界线条件生成相应的型线，将这些型线按照要求进行三向光顺，插值生成对应的肋骨型线并进行肋骨型线的三向光顺，然后根据肋骨生成相应的各种样条文件，最后将光顺好的前后半艘型线拼接形成完整的船体型线图。

下面我们用图表的形式来显示线型系统的工作思路，如图9－14所示。

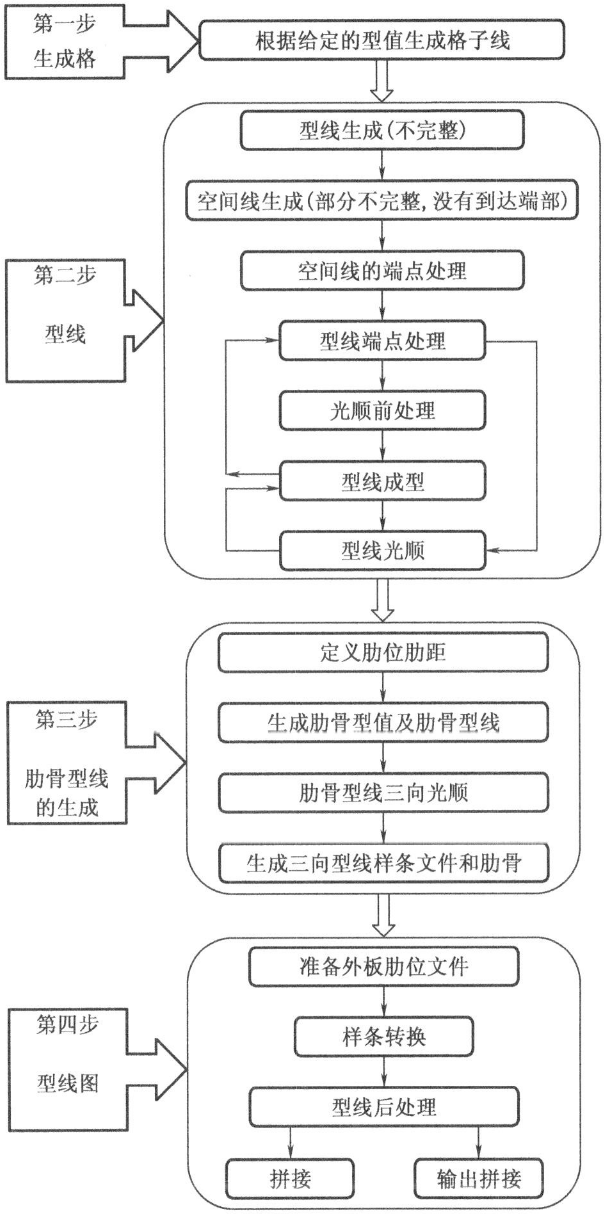


**图9－14　线型系统工作思路**

2. 补充说明

这里给出的线型系统的操作方法并不是固定不变的，其操作方法可以根据船舶类型的不同和操作者的习惯不同而变化。等读者朋友熟练操作本系统后就会发现系统还是有很大的灵活性的。另外，这里给出的操作方法并没有将所有的功能都实现，只是将一些常用功能的操作方法给予了说明，这一点请读者朋友务必要注意。你们在操作的过程中如果还需要其他功能可以参阅系统提供的帮助和软件说明书，这里限于篇幅不可能将所有的操作方法都给出。

# 附　　录

1. 主尺度数据

1 000 t 沿海货船的主尺度数据，见附表 1。

**附表 1　主尺度**

| 项目 | 数值 | 项目 | 数值 |
|---|---|---|---|
| 总长 | 65.88 m | 两柱间长 | 59.00 m |
| 型深 | 4.90 m | 型宽 | 11.00 m |
| 吃水 | 3.60 m | 艏舷弧 | 600 mm |
| 艉舷弧 | 300 mm | 艏楼甲板高 | 2.35 m |
| 梁拱 | 125 mm | 排水体积 | 1 658.5 |
| 浮心纵向位置 | 0.157 m | 方形系数 | 0.71 |

2. 型值表

1 000 t 沿海货船型值表，见附表 2 和附表 3。

**附表 2　前半艘型值表**

| 站号 | 半宽值 | | | | | | | | | | | 高度值 | | | | | |
|---|---|---|---|---|---|---|---|---|---|---|---|---|---|---|---|---|---|
| | 400 WL | 800 WL | 1 600 WL | 2 400 WL | 3 200 WL | 3 600 WL | 4 000 WL | 4 800 WL | 甲板边线 | 舷墙顶线 | 折角线 | 1 500 BL | 3 000 BL | 4 500 BL | 甲板边线 | 舷墙顶线 | 折角线 |
| 10 | 5 125 | 5 367 | 5 500 | 5 500 | 5 500 | 5 500 | 5 500 | 5 500 | 5 500 | — | — | 0 | 0 | 6 | 4 900 | 5 894 | — |
| 11 | 5 125 | 5 367 | 5 500 | 5 500 | 5 500 | 5 500 | 5 500 | 5 500 | 5 500 | — | — | 0 | 0 | 6 | 4 900 | 5 894 | |
| 12 | 5 017 | 5 284 | 5 492 | 5 500 | 5 500 | 5 500 | 5 500 | 5 500 | 5 500 | — | — | 0 | 0 | 24 | 4 943 | 5 937 | — |
| 13 | 4 850 | 5 163 | 5 447 | 5 500 | 5 500 | 5 500 | 5 500 | 5 500 | 5 500 | — | — | 0 | 0 | 141 | 5 016 | 6 016 | — |
| 14 | 4 500 | 4 920 | 5 362 | 5 491 | 5 500 | 5 500 | 5 500 | 5 500 | 5 500 | — | — | 0 | 0 | 400 | 5 091 | 6 092 | — |
| 15 | 4 000 | 4 525 | 5 075 | 5 300 | 5 400 | 5 436 | 5 463 | 5 500 | 5 500 | — | — | 0 | 0 | 776 | 5 160 | 6 160 | — |
| 16 | 3 375 | 3 908 | 4 500 | 4 875 | 5 125 | 5 228 | 5 308 | 5 456 | 5 500 | — | — | 0 | 77 | 1 600 | 5 297 | 6 297 | — |
| 17 | 2 450 | 3 000 | 3 600 | 4 031 | 4 378 | 4 542 | 4 683 | 4 946 | 5 110 | — | 5 152 | 11 | 192 | 3 492 | 5 371 | 6 555 | 5 514 |
| 18 | 1 400 | 1 800 | 2 333 | 2 750 | 3 198 | 3 422 | 3 655 | 4 132 | 4 482 | — | 4 555 | 486 | 2 850 | 5 474 | 5 439 | 7 659 | 5 582 |
| 19 | 483 | 659 | 950 | 1 280 | 1 706 | 1 962 | 2 201 | 2 750 | 3 299 | 4 400 | 3 413 | 2 844 | 5 127 | — | 5 505 | 8 247 | 5 648 |
| 20 | — | — | — | — | — | — | 197 | 570 | 1 149 | 3 150 | 1 289 | 6 065 | 8 476 | — | 5 577 | 8 717 | 5 725 |

**附表 3　后半艏型值表**

| 站号 | 半宽值 | | | | | | | | | | 高度值 | | | | | | |
|---|---|---|---|---|---|---|---|---|---|---|---|---|---|---|---|---|---|
| | 400 WL | 800 WL | 1 600 WL | 2 400 WL | 3 200 WL | 3 600 WL | 4 000 WL | 4 800 WL | 甲板边线 | 舷墙顶线 | 折角线 | 1 500 BL | 3 000 BL | 4 500 BL | 甲板边线 | 舷墙顶线 | 折角线 |
| 0 | — | — | — | — | 2 654 | 3 306 | 3 743 | 4 288 | 4 533 | 4 500 | 4 600 | 2 944 | 3 384 | 5 181 | 5 249 | 6 249 | 5 393 |
| 1 | 150 | 150 | 291 | 1 771 | 3 607 | 4 012 | 4 286 | 4 706 | 4 912 | 4 981 | 4 981 | 2 317 | 2 812 | 4 402 | 5 216 | 6 213 | 5 360 |
| 2 | 233 | 429 | 1 963 | 3 330 | 4 220 | 4 472 | 4 661 | 5 035 | 5 168 | 5 243 | 5 243 | 1 386 | 2 176 | 3 633 | 5 187 | 6 187 | 5 329 |
| 3 | 668 | 1 556 | 3 067 | 3 969 | 4 547 | 4 773 | 4 954 | 5 257 | 5 380 | 5 422 | 5 422 | 777 | 1 554 | 3 120 | 5 150 | 6 150 | 5 288 |
| 4 | 1 635 | 2 750 | 3 772 | 4 402 | 4 810 | 4 971 | 5 103 | 5 358 | 5 455 | 5 500 | 5 500 | 357 | 957 | 2 566 | 5 128 | 6 112 | 5 263 |
| 5 | 2 851 | 3 556 | 4 276 | 4 702 | 4 989 | 5 112 | 5 225 | 5 421 | 5 500 | 5 500 | — | 55 | 4 60 | 1 990 | 5 113 | 6 081 | 2 087 |
| 6 | 3 666 | 4 152 | 4 638 | 4 944 | 5 156 | 5 252 | 5 326 | 5 457 | 5 500 | 5 500 | — | 0 | 111 | 1 317 | 5 017 | 6 033 | 2 072 |
| 7 | 4 212 | 4 623 | 4 962 | 5 147 | 5 274 | 5 336 | 5 388 | 5 476 | 5 500 | 5 500 | — | 0 | 0 | 645 | 4 989 | 5 989 | 2 054 |
| 8 | 4 703 | 5 010 | 5 222 | 5 324 | 5 385 | 5 418 | 5 444 | 5 494 | 5 500 | 5 500 | — | 0 | 0 | 235 | 4 941 | 5 942 | — |
| 9 | 5 067 | 5 266 | 5 392 | 5 453 | 5 488 | 5 499 | 5 500 | 5 500 | 5 500 | 5 500 | — | 0 | 0 | 24 | 4 880 | 5 904 | — |
| 10 | 5 125 | 5 367 | 5 500 | 5 500 | 5 500 | 5 500 | 5 500 | 5 500 | 5 500 | — | — | 0 | 0 | 6 | 4 900 | 5 894 | — |

3. 视图中的尺寸

视图中的尺寸，见附图 1、附图 2。

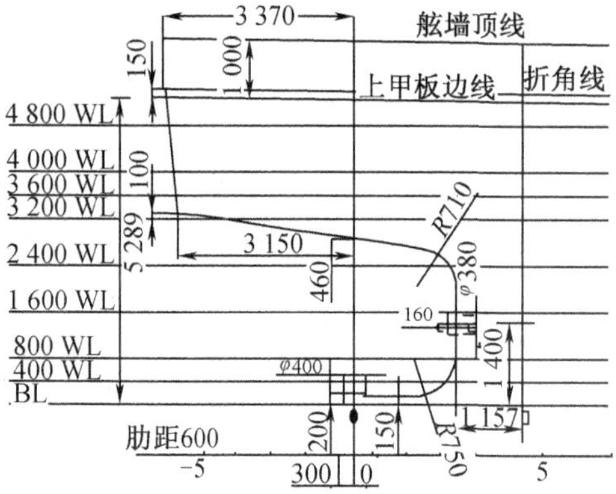


附图 1　纵剖线图数据

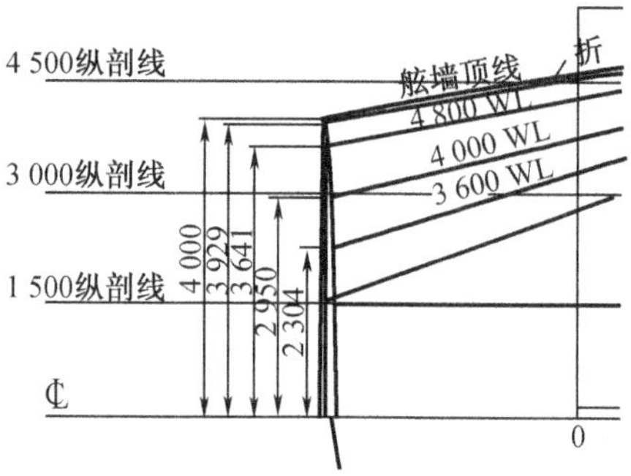


附图 2　半宽水线图数据

4. 水线圆弧

本部分船首和船尾的水线圆弧半径是通过画图得出来的。以 4 800 水线圆弧的半径绘制为例，首先在纵剖线图中确定 0 号纵剖线与 4 800 水线的交点，向下延伸交于半宽水线图的中线，接着顺势光顺半宽水线图中的 4 800 水线与延伸线相交成一定角度，平分角度其平分线与中线的交点为水线圆弧中心，平分线与中线的交点和延伸线与中线的交点之间的距离为水线圆头半径，见附表 4 和附表 5。

**附表 4　船首水线圆弧半径**

| 水线 | 0 水线 | 400 水线 | 800 水线 | 1 600 水线 | 2 400 水线 | 3 200 水线 | 3 600 水线 | 4 000 水线 | 4 800 水线 |
|---|---|---|---|---|---|---|---|---|---|
| 圆头半径 | 10 | 25 | 30 | 40 | 75 | 120 | 190 | 200 | 510 |

**附表 5　船尾水线圆弧半径**

| 水线 | 0 水线 | 400 水线 | 800 水线 | 1 600 水线 | 2 400 水线 | 3 200 水线 | 3 600 水线 | 4 000 水线 | 4 800 水线 |
|---|---|---|---|---|---|---|---|---|---|
| 圆头半径 | — | 150 | 150 | 150 | 157 | 245 | — | — | — |

3 200WL 的艉圆弧半径 245，距舯值 31 934. 09；2 400WL 的艉圆弧半径 157，距舯值 30 804. 6；1 600WL 的艉圆弧半径 150，距舯值 30 643. 84；800WL 的艉圆弧半径 150，距舯值 30 643. 24；400WL 的艉圆弧半径 150，距舯值 30 480. 54。

5. 艉封板数据

艉封板数据见附表 6。

**附表 6　1 000 t 沿海货船艉封板数据**

| 点 | *L*(距离 0 站) | *H*(高度) | *B*(半宽) | 备注 |
|---|---|---|---|---|
| *a* | 3 370 | 6 289 | 4 000 | 舷墙顶线 |
| *b* | 3 370 | 5 439 | 4 000 | 折角线 |
| *c* | 3 354 | 5 289 | 3 929 | 上甲板边线 |
| *d* | 3 304 | 4 800 | 3 641 | 4 800WL |
| *e* | 3 222 | 4 000 | 2 950 | 4 000WL |
| *f* | 3 181 | 36 000 | 2 304 | 3 600WL |
| *g* | 3 150 | 3 300 | 0 | |
| *h* | 2 436 | 3 200 | 0 | |
| | | 3 200 + 173. 8 | | 1 500 纵剖线 |
| | | 4 000 + 41 | | 3 000 纵剖线 |

1 500 纵剖线在艉封板上的高度值 3 200 + 173. 8；

3 000 纵剖线在艉封板上的高度值 4 000 + 41。

艉封板上对应点见附图 3。

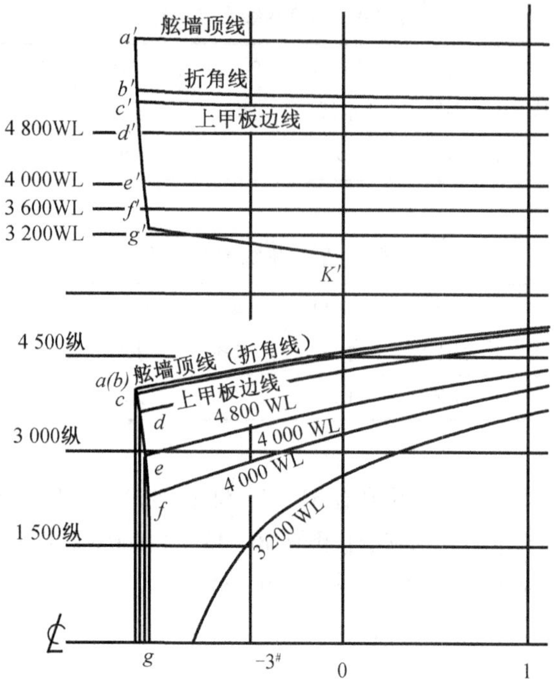


**附图 3　艉封板上对应点**

6. 中纵剖线艉部控制点

中纵剖线艉部轮廓添加的控制点见附表 7 及附图 4。

**附表 7　中纵剖线艉部控制点**

| 序号 | *L* | *H* |
|---|---|---|
| 1 | 27 571.8 | 460.43 |
| 2 | 27 707 | 900 |
| 3 | 28 075.5 | 2 614.36 |
| 4 | 28 075.5 | 2 614.36 |
| 5 | 28 318.7 | 2 695 |
| 6 | 32 650 | 3 300 |
| 7 | 32 870 | 5 439 |
| 8 | 32 870 | 6 289 |

7. 其他相关信息

该船底部为水平式龙骨线，船首为前倾型艏，船尾为方艉形式，艉柱带有底骨，船型变化较大，在船中处逐渐与龙骨线接近或重合。从艉型线可知，方艉结构由一块艉封板组成，两艉封板相交一定的角度，相关尺寸图中给出。全船划分为 20 个理论站，全船肋骨间距为 600，分布为# －5 至#104，0 号肋位在 0 号理论站前 300，10 号站位在 #50 前 200，艉封板斜率

0.09,其计算式为(3 370 - 3 150)/(5 289 - 3 200 + 100 + 150) = 0.09。

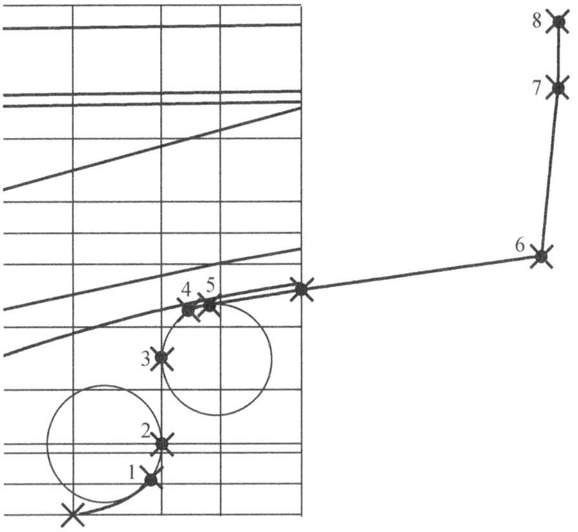


附图 4　中纵剖线上控制点

# 参 考 文 献


[1] 陆剑华. HD－SHM 2000 船体建造系统船体型线交互三向光顺系统使用说明书[K]. 上海:沪东造船厂计算机研究所 CAD/CAM 室,1999.

[2] 杭小平. HD－SHM 船体线型系统使用说明书[K]. 上海:沪东造船厂计算机所,2000.

[3] 白英彩,唐冶文,余巍. 计算机集成制造系统:CIMS 概论[M]. 北京:清华大学出版社,2015:10－11.

[4] 田玉芹,林敬学. HD－SHM 2005 船体线型系统的应用[J]. 青岛黄海学院学报,2015,18(1):30－32.

[5] 刘桂香. 基于 HD－SHM 8000 t 货船数学放样中型线光顺的研究[J]. 船舶工程,2011(1):13－16.

[6] 李茜婷. 船体型线三向对应检查及光顺修改研究[D]. 大连:大连理工大学,2013.

[7] 彭公武. 船体结构制图[M]. 哈尔滨:哈尔滨工程大学出版社,2007:24－30.

[8] 龚昌奇,刘益清,谢玲玲. 船体结构制图[M]. 北京:国防工业出版社,2016:27－54.

[9] 彭辉. 船舶 CAD/CAM[M]. 哈尔滨:哈尔滨工程大学出版社,2009.

[10] 彭辉. 造船 CAD/CAM 实训指导[M]. 3 版. 哈尔滨:哈尔滨工程大学出版社,2007.